Mon aventure de l'allaitement

Un projet apporté par Fraich Touch.

Avec la collaboration d'Alexandra Raillan.

AMÉLIE COULON

Mon aventure de l'allaitement

L'expérience inspirante d'une maman pour un allaitement libre et heureux

MARABOUT

Sommaire

À Estebán, Olivia et Alba, sans qui cette histoire n'aurait pas existé.

Introduction

« Fais-nous un livre sur l'allaitement, toi qui as réussi à rendre ce moment unique tellement moderne ! » C'est ce que m'a dit un jour une amie. « Car tu incarnes tellement la maman moderne et tu es celle qui a rendu vraiment l'allaitement beau et stylé ! Ce témoignage vrai, sans faux-semblants, changera des livres sur l'allaitement *full* infos hyper-lourds. Tu es celle qui m'a donné envie d'essayer. Tu es celle qui m'a fait trouver l'allaitement beau et pas vieillot, qui m'a montré que c'était puissant, et, grâce à ça, j'ai pu me construire comme maman et comme femme ! » Cette amie, elle s'appelle Marie Cao, et je crois qu'elle a raison. Alors je me suis lancée.

Ce livre, je l'ai imaginé, je l'ai pensé, on peut même dire que je l'ai porté pendant plusieurs mois, avant de réussir à y mettre ma petite touche perso. Au début, je bloquais. « Mais qu'est-ce que je vais bien pouvoir écrire ? » Satané syndrome de l'imposteur. Bien sûr que j'ai des choses à partager. Déjà, mon expérience. J'ai eu trois enfants, j'ai allaité quatre fois. Eh oui, rien que ça, c'est plutôt rare… Des histoires d'amour différentes chaque fois, comme si ce lien unique entre la maman et le nouveau-né se tissait de manière artisanale.

Je pensais être normale, mais en fait, j'ai toujours été branchée « maman » plus que « princesse ». J'ai toujours porté en moi ce rêve de donner naissance à mon tour, et ma vie a ainsi vite tourné autour des bébés. J'ai d'abord grandi avec des bébés, puisque ma mère était assistante maternelle à domicile. Toute mon enfance, j'ai vécu entourée de tout-petits, de gazouillis et autres babillages. De ce quotidien, j'ai décidé d'en faire un métier. Je suis à mon tour devenue auxiliaire de puériculture en crèche. Puis, un jour, j'ai rencontré l'homme de ma vie, celui qui a permis que tout devienne enfin possible pour moi (et très vite), car, du haut de mes 20 ans, j'avais déjà assez attendu. Grâce à Vincent, mon rêve s'est réalisé, et je suis enfin devenue maman, mais d'une manière bien différente de celle de la plupart des femmes. Évidemment, si ce livre était un roman, nous aurions vite fait le tour : les deux tourtereaux vécurent heureux et eurent beaucoup d'enfants... Dans la réalité, ça n'a pas été si simple. Alors, je vous livre ici mon expérience, ma traversée de la maternité, mon épopée d'allaitement.

J'ai voulu un livre qui me ressemble. Un livre honnête, sans fioritures ni embellissement de la maternité. On en a bien assez, dans notre entourage, des sempiternelles phrases du type : « Être maman, tu verras, c'est la plus belle chose qui puisse t'arriver. » Ouais. Mon œil, oui. Être maman, c'est surtout l'aventure la plus dure qui puisse être dans une vie. Avoir des enfants, c'est avoir la pleine responsabilité (pendant de longues années) de petits êtres qui ne voient et ne vivent que par toi, et qui sont à 300 % dépendants de toi. Et, surtout, des petits êtres que tu ne peux pas ramener au SAV de la maternité si tu changes d'avis, ou si ça ne se passe pas aussi bien que prévu au pays des monstres gentils, mais souvent pénibles. Alors, oui, avoir des enfants, c'est beau, presque autant que c'est chaud à vivre.

Aujourd'hui, j'ai tout juste 30 ans, je suis maman de trois enfants, mais je suis aussi une femme des temps modernes, désormais cheffe d'entreprise aux côtés du meilleur coéquipier qui soit, mon mari. Ensemble, nous avons fondé notre marque de prêt-à-porter entièrement *made in* France et surtout destinée à faciliter le quotidien des femmes qui allaitent. Il y a six ans maintenant, j'ai participé à révolutionner la mode des jeunes mamans. J'avais envie de les aider à se réapproprier leur corps et leur féminité, à booster leur estime de soi grâce à des vêtements féminins, de qualité, qui allient plaisir de s'apprêter et facilité d'allaiter discrètement. Aujourd'hui, avec le recul, je peux dire que je suis fière de ce que nous avons accompli. Et aussi que l'allaitement a littéralement changé ma vie... Aujourd'hui encore, l'allaitement et tout l'univers qui y est lié tiennent une place plus qu'importante dans ma vie.

Pourtant, sur les bancs de l'école, ce n'était pas vraiment le destin que l'on me dessinait. Élève cataloguée comme « nulle » par ses professeurs, je n'étais pas censée faire de grandes choses de ma vie. D'ailleurs, c'était la grande question à l'époque : « Mais qu'est-ce qu'elle va bien pouvoir faire de sa vie, cette petite Amélie ? » Aujourd'hui, je vais vous raconter mon histoire, celle de ma maternité, celle de mes allaitements et, surtout, comment le fait de nourrir mes enfants a finalement contribué à changer ma vie en me transformant en la femme que je suis aujourd'hui. Une maman de trois enfants, allaitant encore la petite dernière qui vient d'entrer à la maternelle.

J'ai voulu un livre intime, mais pas militant. Ce livre est un récit, une histoire qui est la mienne, accompagné de conseils d'une professionnelle de l'allaitement. Un livre sans culpabilisation ni injonctions, si ce n'est celle de laisser les femmes vivre leur aventure de la maternité et de l'allaitement comme elles l'entendent. Alors, non, je ne vous donnerai pas de « conseils », mais plutôt mon point de vue critique après expérience, plutôt « ce que j'ai retenu » de ces passages de ma vie, qui pourront (ou non) vous aiguiller, vous rassurer, vous inspirer, en tout cas des petits trucs qui ont fonctionné pour moi, mais jamais des « il faut », « y a qu'à », « faut qu'on »... Non. Ça, ce n'est pas moi. Je suis engagée au quotidien pour un allaitement libre et heureux si c'est le souhait de la maman. J'ai essayé à mon humble niveau de faire bouger les lignes de l'allaitement. De le rendre plus moderne et attrayant. Vous allez découvrir au fil des pages que tout n'a pas toujours été rose layette, mais que, au final, nous y sommes arrivés ! Je vous laisse découvrir ce nouveau visage de la maternité et j'espère qu'il vous plaira !

J'ai voulu un livre d'amour, mais pas romancé à l'eau de rose. Je suis comme vous, une femme, une maman qui fait au mieux avec ses trois enfants encore petits, son mari, sa maison, son boulot..., sauf que je partage une grande partie de mon quotidien sur les réseaux. Car des galères, oui, j'en ai eu ! Loin d'Instagram, dans la vraie vie, j'en ai passé, des nuits blanches ; j'en ai versé, des torrents de larmes. Mais, malgré tout, je suis là, debout et fière de ce que j'ai accompli. Alors, oui, ce livre vous donnera peut-être envie d'essayer. Et tant mieux. Vous l'offrirez peut-être à une amie enceinte qui se pose simplement la question ou qui est sûre de son choix. Ou pas. Ce n'est pas grave non plus. Je ne suis pas là pour vous dire d'allaiter à tout prix. Non, et vous comprendrez pourquoi au fil des pages. J'ai voulu partager mon expérience, cette histoire forte et poignante qui explique pourquoi la maternité, mais surtout l'allaitement, a complètement chamboulé ma vie. Et je ne parle pas seulement de l'arrivée du (des) bébé(s). Mais aussi de cette décision folle de tout quitter pour faire bouger les lignes des mondes de la mode et de l'allaitement. Des habits conçus, au départ dans mon salon, pour répondre à un besoin : oui, on peut être sexy et maman ; oui, on peut être bien habillée et allaiter ; oui, on peut être sexy, maman et allaiter ! Vive le #allaiterstylée !

Certaines d'entre vous me suivent sur les réseaux. Ici, c'est une tout autre histoire, sans filtre, que vous allez pouvoir découvrir.

Galères, fous rires, questionnements... C'est tout un cheminement que je partage avec vous.

J'ai voulu un livre d'histoires d'allaitement, mais pas seulement, un livre sur l'allaitement, mais pas seulement. Et puis l'allaitement, c'est quoi au juste ? Simplement une façon de nourrir un bébé… Dans ce cas, rassurez-vous, je ne vais pas écrire un énième livre sur les joies de la maternité. Parce que la façon dont vous nourrissez votre enfant ne me regarde pas, c'est de l'ordre de l'intime, du familial. Et puis, entre nous, dans quinze ans, qui se souviendra que votre ado prenait goulûment le sein en le voyant devant un bon gros hamburger ?

L'allaitement, c'est bien plus que ça. Une aventure humaine. Une histoire familiale. Une tranche de vie, de mes 19 ans à mes 30 ans. Sans tabous ni mythos, avec les gros accrocs et les petites victoires, les galères du quotidien et les événements inoubliables qui font sabrer le champagne. Coups de flip, coups de gueule, coups de cœur, tout y est. Belle découverte à vous.

PRÉSENTATION DE CATHERINE BOITE

Catherine Boite, conseillère IBCLC, répond aux questions pratiques qui se posent au fil du récit.

En 1980, Catherine Boite obtient son diplôme d'infirmière et choisit de travailler en maternité, afin d'accompagner les familles autour de la naissance de leurs enfants.

Après six ans d'expérience, elle se spécialise en suivant une formation de puéricultrice. Après quelques mois en pédiatrie, elle se tourne vers la médecine néonatale pendant cinq ans et demi. Catherine Boite a ensuite pu créer un poste de puéricultrice en service maternité, poste qu'elle a occupé jusqu'en 2004 tout en se formant, puis en formant à son tour une partie des équipes, aux massages des bébés et à l'allaitement.

Elle a pu former des équipes de PMI (Protection maternelle et infantile), des sages-femmes libérales et des équipes hospitalières aux massages des bébés, et ce, dans une grande partie de la France.

Elle a ensuite suivi une formation de consultante en lactation IBCLC (International Board Certified Lactation Consultant) à Lyon, puis a occupé un poste de consultante en lactation dans un hôpital qui se développait et souhaitait créer une unité de réanimation néonatale.

C'est là que Catherine Boite a pu mettre en place une unité de pasteurisation du lait maternel afin de permettre à toutes les mamans souhaitant allaiter de donner leur lait à leur enfant prématuré.

En parallèle de ce travail, elle a accompagné des mères incarcérées ainsi que leur bébé, pendant deux ans et demi.

Elle a ensuite suivi un cursus universitaire de formateur d'adultes et a décidé de quitter le système hospitalier pour ouvrir un cabinet de consultation et développer son métier de formatrice. En 2013, elle a créé l'Association d'accompagnement à la parentalité afin de travailler en équipe avec d'autres professionnels ayant la même éthique et le même souhait d'accompagner les familles dans l'écoute et le respect.

Enfin, Catherine Boite s'est formée au massage énergétique, qui aide à gérer les émotions et à lever les blocages. Massage qu'elle propose maintenant aux familles, aux enfants, aux jeunes parents et même aux grands-parents !

I.

Estebán, un premier allaitement beaucoup trop court !

Première expérience, écourtée, contre ma volonté. J'ai essayé de tenir bon, d'allier allaitement et reprise du travail... Tout ne s'est pas passé exactement comme je l'aurais voulu. Avec le recul, je ferais beaucoup de choses différemment. Si j'ai un regret aujourd'hui, c'est de ne pas avoir vécu la même fusion avec Estebán qu'avec les filles... Quand le temps passe, on regarde en arrière et on remet souvent en doute ses choix en tant que parents. Je ne peux pas m'empêcher de me dire que si on avait fait autrement quand il était bébé, si on l'avait materné de la même façon que ses sœurs, peut-être que nos relations seraient aujourd'hui tout à fait autres. Mais c'est en tombant que Bébé apprend à marcher. Grâce à l'expérience de ce premier allaitement, chaotique et beaucoup trop court, j'ai réussi les allaitements suivants !

Nom de code de cet allaitement : écourté.

Ce que j'ai appris de l'allaitement avec Estebán : l'allaitement, c'est à la demande. Certes, c'est un geste naturel, mais ce n'est pas pour autant inné. L'allaitement prend du temps et requiert un investissement de la maman. L'allaitement, ça s'apprend.

Quand j'y pense... Ma première vraie découverte de l'allaitement n'a pas du tout eu lieu à la naissance de mon premier enfant, comme dans un conte de fées : « Il prit le sein et tout se passa bien (et il fit ses nuits aussi). » Non, non. Je venais tout juste d'avoir 19 ans. Alors en stage en maternité à Longjumeau pour valider mon diplôme d'auxiliaire de puériculture, ma responsable de stage me lance d'un ton peu aimable : « Il y a la dame de la 154 qui sonne, c'est pour une mise au sein, tu peux y aller s'il te plaît ? »

Je vous laisse imaginer ma tête. Hein ? Quoi ? Moi ? Toute seule ? À l'école d'auxiliaire de puériculture, on a à peine abordé le sujet de la mise en place de l'allaitement. Peut-être deux heures sur les deux ans d'études. C'est peu. Et j'en ai un vague souvenir. En tout cas, rien de bien passionnant et surtout, et à mon avis c'est un drame, aucune mise en situation réelle. Et si la mise au sein ne se passe pas bien ? Quels mots dire à la maman ? Est-ce qu'il y a une position du bébé à privilégier ?

C'est avec toutes ces questions dans la tête que je file en chambre 154. J'essaie de me rassurer comme je peux. Je me répète en boucle : « Allez, c'est simple, il suffit d'aider le bébé à attraper le sein de sa mère et ça roule, ma poule ! »

Alors j'y suis allée, j'ai fait mine de savoir ce que je faisais et j'ai prié un peu pour que ce bébé tète le sein de sa mère. Je crois que c'est ce qu'il a fait. Ouf ! Ensuite, j'ai rappelé à cette jeune maman de surtout bien noter l'heure de la tétée sur la feuille de suivi, puis je suis retournée à mes autres tâches, le cœur léger.

Vous avez l'impression que c'est une anecdote ? Dans la réalité, en maternité, il y a quand même pas mal de chances pour que votre allaitement commence avec une personne inexpérimentée comme je l'étais à l'époque.

Si je retiens quelque chose aujourd'hui de cette première expérience de l'allaitement, moi qui n'avais jamais vu de seins à part ceux de ma mère quand j'étais enfant, c'est bien que les mères sont seules au monde avec leur nouveau-né.

Aujourd'hui, si je devais aller dans cette chambre, j'en aurais, des choses à lui dire…

Écoutez-vous et faites-vous confiance… Vous seule savez ce qui est bon pour votre bébé.

PROFESSION PASSION, MA VIE, C'EST LES BÉBÉS

Depuis que je suis toute petite, je veux devenir Maman, avec un M majuscule. S'occuper des enfants est le plus beau métier du monde à mes yeux. J'ai d'ailleurs grandi entourée de plein de bébés, ma mère ayant été assistante maternelle à domicile durant toute mon enfance. C'est peut-être pour ça aussi que j'ai cette attache très particulière aux petits. À leur contact, je sens mon être tout entier vibrer. Vers 10 ans, quand d'autres pensent devenir danseuse étoile, institutrice ou hôtesse de l'air, je sais au fond de moi que je ferai le même métier que ma mère, même si elle me répète qu'il y a d'autres professions liées à la petite enfance. Finalement, c'est elle qui a raison… Je vais travailler en crèche. Et mes parents sont ravis pour moi, car ils savent que je me réalise pleinement et, en plus, à leurs yeux, auxiliaire de puériculture en crèche est bien plus respectable que « simple » assistante maternelle.

Je veux être maman !

Mais en plus de cette intime conviction professionnelle, intérieurement, je bous d'impatience… Du haut de mes 10 ans, je veux déjà être maman au plus vite. Vous voulez rire ? Dès que j'ai eu mon premier petit copain, je comptais les années qu'il me restait à attendre pour devenir enfin maman. J'avais estimé à la louche que 20 ans, c'était un âge largement raisonnable pour devenir mère. Personne ne me dirait rien si je devenais maman à 20 ans. Vingt ans, j'ai alors 14 ans… Encore six ans à attendre. C'est long, c'est tellement long. Le jour, je comptais les années, comme d'autres comptaient les moutons la nuit. Je peux le dire, l'idée de devenir maman m'obsédait littéralement, alors je comptais. À l'époque, je voulais cinq enfants. Tout le monde le savait. Ma famille, mes amis et… très vite mon fiancé. Quand j'ai eu 18 ans (plus que deux ans à attendre !), à l'anniversaire de ma meilleure amie, Émilie, je fais enfin la connaissance de Vincent. Nous nous étions déjà croisés, nous avions même fréquenté le même lycée, mais pas à la même époque, et surtout nous avions plein d'amis en commun. Bref, nous étions faits pour nous rencontrer ! Et devinez quoi ? Je n'ai pas pu m'en empêcher… Au bout de deux jours, je lui parle déjà de mon envie d'enfanter. J'avoue, pour moi, c'était aussi un peu un test. Si Vincent m'avait dit « Ah, ben non, je suis pas du tout séduit par l'idée de fonder une famille avant, fffiiiiouu, 35 ans au moins… », notre histoire aurait tourné court. Mais, non, Vincent a donné la bonne réponse : « J'imagine bien avoir des enfants plutôt jeune. » Ouf ! Très vite, nous nous installons ensemble chez mes parents. Je me sens si bien à ses côtés, je ne veux plus jamais qu'on soit séparés. Dès que nous faisons notre nid chez mes parents, je ne lâche pas l'affaire des bébés. Bon, si Vincent est d'accord pour être papa jeune, il veut quand même finir ses études et me pousse à attendre encore un peu. Moi, de mon côté, « en grande malade » que je suis, comme il dit, je continue le forcing. Je lui en parle au moins mille fois.

Avoir un enfant très jeune ne me fait pas peur, limite, ça me fascine. Par exemple, les reportages sur les mères adolescentes que je regarde en boucle me font un peu rêver. Alors, un beau jour, après trois mois de relation, je tente ma chance avec mon amoureux et aborde sérieusement le sujet : « Ça fait maintenant plusieurs mois que nous sommes ensemble, nous avons tous les deux un salaire, j'aimerais tomber enceinte. » Simple comme bonjour. Sauf que Vincent me fait redescendre de mon nuage direct : « Ce n'est pas avec les 300 euros que tu touches en apprentissage que nous allons pouvoir élever correctement un enfant ! » Et vlan. Mais la bonne nouvelle ? Il devait être sacrément amoureux, parce que, malgré mes obsessions et mes coups de folie, il est resté !

Alors, j'accepte de mettre ce désir incontrôlable de côté et de patienter encore un peu. Je continue de compter… En pensant très fort : vivement mon tour !

Les années passent ainsi tranquillement, me rapprochant enfin de la date magique de la délivrance.

Avec la naissance d'Estebán, je réalisais enfin mon rêve…

BÉBÉ SURPRISE

En décembre 2010, après quatorze mois de cohabitation, nous quittons le nid parental pour nous installer dans notre tout premier appartement dans le sud de la Seine-et-Marne, juste à côté de Melun. Nous y resterons presque deux ans, de mes 19 à mes 21 ans, profitant de nos soirées pour faire la fête et vivre la belle vie. Nous déménageons ensuite près de la gare, dans un appartement bien plus petit, afin de faciliter nos déplacements vers Paris, où nous travaillons tous les deux.

Vincent est maintenant en master pour devenir conducteur de travaux en formation en alternance, et, moi, j'ai décroché un CDI dans une formidable crèche privée proche de Gambetta, dans le XXe arrondissement de Paris. C'est un poste dans lequel je me sens bien et surtout à ma place.

Nous avons 21 et 22 ans et une vie stable. Clairement, il reste trois années d'études à mon mec et, moi, je suis épanouie professionnellement parlant...

Et, contre toute attente, je tombe enceinte ! Même si j'étais 100 % prête dans ma tête, ce n'était pas vraiment prévu au programme !

Histoire de contraception

Pour la petite histoire, cela faisait à peu près un an que je rencontrais un petit souci de contraception. Mon implant contraceptif sous-cutané s'étant perdu dans mon bras, impossible de remettre la main dessus pendant plusieurs mois. Après plusieurs opérations à la recherche de l'implant égaré, et surtout après plusieurs mois à m'imaginer avoir un contraceptif perdu quelque part dans mon corps m'empêchant d'avoir des enfants *ad vitam aeternam* (c'est mon côté *drama queen*, ça), un chirurgien spécialisé finit par retrouver le petit bâton bourré d'hormones et par enfin le retirer de mon bras. Laissant là une quatrième et dernière cicatrice attestant du rude combat mené contre ce truc d'à peine 4 cm.

Cette histoire me vaccine pour un moment, nous décidons d'un commun accord que c'est une bonne idée d'arrêter les contraceptifs hormonaux.

J'avais entendu tant d'histoires de jeunes femmes mettant des mois, voire des années, à retrouver un cycle menstruel normal et à tomber enceintes au moment souhaité que nous avions choisi, étant des adultes responsables, d'utiliser des préservatifs pour quelque temps.

À l'époque, nous pensions commencer les « essais bébé » un an plus tard. Tellement obnubilée par cette envie de grossesse, j'étais persuadée d'être stérile. Non pas forcément stérile physiquement. Mais stérile mentalement. Comme quand on veut trop fort quelque chose...

Sauf qu'au bout de quinze jours... surprise !

Nous revenions d'une semaine de vacances à Majorque. Le rêve ! Et, durant cette semaine idyllique en amoureux, nous avons un peu relâché notre vigilance, laissant les préservatifs au fond de la valise, afin de pleinement profiter de ce séjour. Une semaine plus tard et comme tous les mois depuis des années, mes règles avaient encore du retard. Rien d'alarmant, donc. J'avais l'habitude. Chaque fois, il fallait que je fasse un test de grossesse, forcément négatif, pour que mes règles se déclenchent. Comme si mon cerveau voulait me faire croire tous les mois qu'il y avait une chance que je sois enceinte. Alors, des tests de grossesse, j'en avais toujours dans la salle de bains.

En attendant le résultat du test, toute seule assise sur le rebord de la baignoire, tout se chamboule dans ma tête. Je sens quelque chose de différent cette fois, comme si ce bébé était là. L'espace d'un instant, quand les deux traits apparaissent, je vois flou, je me demande si c'est bien réel, si c'est réellement possible que je sois enceinte. Mes pensées vont à mille à l'heure et s'entrechoquent, je me demande même si je ne vais pas me retrouver à l'élever seule, ce bébé tant désiré... Mais cette idée file très vite. Certes, Bébé arrive un peu plus tôt que prévu, mais je ne suis pas paniquée. Je sais que Vincent ne quittera pas le navire. Ce n'est pas le genre d'homme à se défiler ou à fuir ses responsabilités. Ce bébé, il n'est pas arrivé tout seul, on était bien deux pour le faire, d'ailleurs ! Je sais que notre vie amoureuse ne sera plus jamais pareille, que nous nous engageons dans une nouvelle étape, jonchée de hauts et de bas, de moments difficiles. Mais je ferme les yeux, et je me lance. Je sors de la salle de bains et je lui tends le bâton rose et ses deux lignes, en lui disant comme dans les films :

« Putain, je suis enceinte ! »

Je sais, je suis poète à mes heures perdues. Je revois sa tête, il devient blême, la panique s'empare de son regard.

Ce bébé est déjà là, je ne le sens pas encore, mais je le sais. Et s'en séparer n'est pas une option, ni pour moi ni pour Vincent. Mais voilà, Vincent n'est pas prêt. Il est encore sous le choc de la nouvelle. Il n'arrête pas de répéter : « Ce n'est pas possible, ce n'est pas possible. » En mon for intérieur, je suis un peu déçue. Depuis le temps que j'en parle... Il avait quand même le temps de se préparer mentalement. Mais bon. J'arrive à me raisonner en me répétant : « Laisse-lui le temps d'encaisser la nouvelle. »

J'ai donc décidé de ne pas insister. Pas là, pas maintenant. Nous devions aussitôt partir pour déposer la voiture de fonction de Vincent chez un de ses collègues. Au volant, il ne parlait plus, comme s'il était devenu complètement muet. Je l'ai alors laissé dans son mutisme, sachant qu'il finirait bien par me reparler à un moment. J'avais alors ce sentiment bizarre d'avoir fait une grosse bêtise, comme si cette situation était complètement ma faute. Trop bizarre.

En voiture, Vincent passe un coup de fil à sa mère. Il était en effet prévu que nous mangions chez elle le soir même, comme nous le faisons régulièrement. Sauf que cette fois il lui dit qu'il aimerait que mes parents viennent chez elle aussi. Comme ils s'entendent très bien et se voient régulièrement, sans ou avec nous, personne ne trouve cette situation étrange. Sauf que, moi, je comprends instantanément. Je comprends qu'il a besoin d'être entouré, de parler et d'annoncer la grossesse dès aujourd'hui, sans attendre le délai raisonnable des trois mois. Il faut préciser que, quelques semaines plus tôt, nous étions tombés par hasard sur une vidéo d'annonce de grossesse particulièrement touchante. Malgré l'angoisse palpable, nous souhaitions nous aussi marquer les esprits et transformer ce moment en un événement inoubliable. Ainsi, à la place des traditionnelles figurines Siurell de Majorque, nous emballons des tétines pour annoncer la bonne nouvelle. Et que d'émotions ! Ma belle-mère en pleurs, mes parents émus bien que sur la réserve. C'est le premier bébé de la famille, des deux côtés.

Vincent en profite pour livrer ses impressions à chaud. Comme je l'imaginais, il accepte ce bébé qui s'est un peu invité au programme, mais il ne se sent définitivement pas prêt. Car, oui, tout comme moi, il voulait des enfants jeune, mais pas si jeune quand même !

Ma mère me rassure en m'expliquant qu'il va lui falloir du temps. Que dans sa tête ce n'est pas aussi simple pour lui que pour moi qui rêve d'enfant depuis toujours. J'avoue, à ce moment précis, je m'imagine déjà passer ma grossesse sans trop de soutien de sa part. Mais, en fait, non. Tout change au bout de quelques jours.

À peine quarante-huit heures plus tard, Vincent est déjà hyper-investi, se renseignant et imaginant déjà notre futur, caressant mon ventre autant que possible et posant des jours de congé pour chaque échographie, chaque examen me concernant ou concernant son futur bébé.

En effet, quelques jours après le test de grossesse et la prise de sang de confirmation, nous avons rendez-vous pour une échographie de datation. Celle-ci servant à déterminer la date de début de grossesse et donc la date présumée d'accouchement. Nous nous réjouissons à l'idée de voir notre petite graine, ce petit bout de nous deux à peine plus grand qu'un grain de riz.

Sauf que tout ne se passe pas exactement comme prévu. Très vite, la gynécologue nous annonce qu'elle ne voit pas d'embryon. Il y a bien un sac et une vésicule vitelline, mais rien de plus. Peut-être est-ce un œuf clair ? Autrement dit, une grossesse sans bébé. Pour être fixés, nous allons devoir patienter une petite semaine qui nous paraît interminable.

Chez la gynécologue, mon monde s'écroule... Peut-être suis-je enceinte de rien ? En quelques jours, j'avais déjà tout imaginé, mon bébé qui allait grandir, notre famille qui allait se construire ; et là, le vide. Je m'effondre, Vincent aussi est déçu. Je continue pourtant d'y croire et je laisse ces journées qui nous séparent du verdict défiler lentement.

Une semaine plus tard, rebelote. Extrêmement tendus, nous nous rendons chez la gynécologue. Dès le début de l'examen, celle-ci nous rassure. Le bébé est bien là, son petit cœur bat et nous découvrons alors le son le plus mélodieux du monde. *Tatam. Tatam.* C'est incroyable de voir ce tout petit bout de chair qui deviendra notre enfant. La gynéco nous explique alors que l'impression de l'œuf clair vient certainement d'une erreur de datation et que l'embryon est plus jeune qu'initialement prévu. Cette information nous paraît tout de même bizarre. Déjà, nous savons exactement quand ce bébé s'est invité au programme... Ensuite, si la gynéco a raison, cela signifie que mon test a été positif à seulement quatre jours de grossesse. Peu probable... Mais on ne s'attarde pas sur cette histoire, notre bébé est là, bien vivant dans mon ventre, c'est tout ce qui nous importe.

Pablo ou Estebán ?

Ma grossesse se passe divinement bien. À cause des trop longs trajets (quatre heures par jour), je suis très vite mise au repos. L'occasion de me poser et de me faire choyer.

Mes parents nous proposent de retourner vivre chez eux le temps de la gestation. Notre appart' est en effet vraiment trop petit pour y accueillir un bébé. Ce retour dans notre premier nid d'amour nous paraît une bonne alternative. Cela va aussi nous permettre de mettre de l'argent de côté pour acheter un appartement de jeunes parents. Ma mère n'est plus assistante maternelle mais étudiante, elle a repris le chemin de la fac et deviendra bientôt enseignante. La maison est calme, sans bruit des tout-petits. Nous reformons un clan soudé autour de mes parents, avec mon frère, ma sœur et son mec. Malgré quelques anicroches du quotidien, ce retour au domicile parental reste plutôt joyeux. Nous en profitons pour préparer une chambre pour le bébé. Chambre qui allait de toute façon servir pour notre bébé, et les suivants, quand nous partirions… quatre mois après mon accouchement.

Au début, nous nous étions dit que le prénom de notre bébé resterait secret jusqu'à la délivrance. J'avais environ mille idées par jour. Évidemment, aucune n'arrivait à conquérir le cœur du futur papa, qui les trouvait un coup très moches, un coup mignonnes, « mais je ne vois pas mon fils s'appeler comme ça », et bla-bla-bli et bla-bla-bla. Et lui, en échange, n'avait rien à me proposer. Que dalle, *nothing*, *nada*. Pas un seul prénom qu'il aimait, ne serait-ce qu'un peu !

Moi, il y en avait un que j'adorais, vraiment, j'aurais aimé que mon fils s'appelle Malo. Seul hic, ça ne matchait pas du tout avec nos noms de famille, ni le sien ni le mien ! Sans chercher très loin, il y avait déjà des dizaines de jeux de mots possibles. Malo, rayé de la carte.

En attendant de trouver le prénom parfait pour ce petit bonhomme, car nous savions que c'était un garçon, et sous la pression de tous nos proches pour avoir un indice sur le futur prénom de l'enfant tant attendu, nous décidons de brouiller les pistes et de lâcher le prénom de Malo.

Tout le monde s'indigne ! Mais non, on ne peut pas lui faire ça ! Sa vie sera semée d'embûches, tout le monde se moquera de lui. Et patati patata. Nous rions sous cape et nous rétorquons qu'au contraire il saura vite se défendre et se forgera ainsi un caractère. Et en attendant, nous continuons de chercher le prénom qui fera tilt. Une chose est sûre, nous savons assez vite que nous voulons tous les deux un prénom à consonance espagnole, référence aux origines de la famille de Vincent.

Nous avons alors deux prénoms en tête : Pablo et Estebán. Seulement, un cousin germain de Vincent porte déjà le prénom Pablo. Nous demandons à sa tante si cela la dérange, et la réponse est oui, elle préfère que nous trouvions une autre idée. C'est décidé : cela sera donc Estebán, avec un accent aigu sur le « a », pour éviter la prononciation [es-té-banc].

Ainsi, à sa naissance, alors que nos proches sont persuadés que notre bébé va bel et bien s'appeler Malo, ils seront tous fous de joie à la découverte du petit Estebán ! Certains trouveront même que c'est le plus beau prénom du monde tant ils sont soulagés par notre changement de plan de dernière minute.

C'EST DÉJÀ L'HEURE ?!

Quelques jours avant Noël, je suis à un petit mois du terme prévu le 16 janvier. En pleine période de vacances scolaires, la maison familiale est pleine à craquer. Nous en profitons pour traîner un peu au lit tous les deux. Quand je me lève enfin pour aller aux toilettes, je sens, en me mettant debout, un peu de liquide s'écouler le long de ma cuisse jusqu'à mon pied. Je n'ai pas de contractions, ça ne coule pas davantage. Je n'ai pas la sensation que quelque chose se passe en moi, comme un début d'accouchement, mais ce liquide-là, j'en suis convaincue, ce n'est pas une simple fuite urinaire ! Avec Vincent, on se prépare tranquillement pour aller faire un tour à la clinique. Je n'ai pas de douleurs particulières, mais je pense que c'est le jour J. Sur place, quelques heures plus tard, dès l'accueil, le personnel soignant nous prend de haut. « Possiblement fissuré la poche des eaux ? Mais, madame, quand on a fissuré la poche des eaux, on arrive avec une serviette entre les jambes », nous lance-t-on. La sage-femme de garde vérifie quand même. Évidemment, la poche des eaux était bien fissurée. L'auxiliaire de puériculture se radoucit quand, en ouvrant mon dossier médical, elle se rend compte que nous exerçons le même métier. L'horloge indique 10 heures. Maintenant, il faut simplement attendre que le travail se mette en route. Si rien ne se passe dans les prochaines vingt-quatre heures, l'accouchement sera alors déclenché. Les heures s'égrènent lentement dans cette chambre de clinique défraîchie. La journée passe ainsi, Vincent part le soir. Je m'imagine l'appeler en pleine nuit pour lui annoncer que le travail a enfin commencé. Je m'endors paisiblement et je me réveille le lendemain matin sans la moindre trace de contraction à l'horizon. À 9 heures pétantes, l'équipe médicale vient me chercher pour des examens. Vincent me rejoint et je laisse tout dans la chambre. Si bien que la sage-femme s'étonne de me voir débarquer en chaussures et sans la valise contenant les affaires de bébé et tout ce que l'on nous demande de prévoir pour la salle d'accouchement…

Déclenchement imminent

La sage-femme s'étonne… mais moi aussi ! En effet, pas de salle d'examens, je me retrouve directement en salle de naissance. Sans aucun préparatif ni aucune transition. À aucun moment, on ne m'a prévenue que c'était le moment du déclenchement. Étrange tout de même, quand on sait que c'est moi qui vais accoucher ! Une chose est sûre, j'y ai songé pendant toute ma grossesse, le jour de mon accouchement, je veux avoir la péridurale. Pas la peine d'en discuter pendant des heures, j'ai une peur panique à l'idée d'avoir mal et la désagréable sensation que mon corps ne sera pas assez fort pour endurer la mise au monde d'un bébé. Je suis alors loin, très loin, de la femme que j'allais devenir. À ce moment-là, pour ce premier accouchement, je n'ai pas confiance en moi ni dans les forces de mon corps. Allongée sur la table à étriers, les deux jambes en l'air, je suis aussi loin, très loin, de tout l'univers des accouchements à domicile ou encore des naissances physiologiques.

Je suis obnubilée par ma peur d'avoir mal. Je ne m'imagine pas une seconde enfanter dans la douleur. D'ailleurs, à cet instant précis, je ne comprends même pas les femmes qui souhaitent accoucher sans péridurale. Quelle aberration ! Si la péridurale a été inventée, c'est bien pour qu'on s'en serve ! Dans ma tête défilent les dizaines d'accouchements que j'ai vus lors de mes stages en maternité. Les cris de douleur. Les femmes qui hurlent qu'elles veulent mourir. Les épisiotomies. Les déchirures. Les codes rouges pour des départs en césarienne... Quand vous lirez le récit de mon deuxième et de mon troisième accouchement, celui-ci vous fera bien rire, je pense !

J'essaye donc de ne pas trop penser à ce qui m'attend. Je sais juste que les accouchements par déclenchement, c'est long, c'est douloureux, c'est éprouvant, mais je me sens en pleine confiance à l'hôpital. J'ai fait part de mon désir d'avoir la péridurale au plus tôt, je me laisse ensuite guider. D'ailleurs, je n'ai suivi aucun cours avec une sage-femme pour me préparer à l'accouchement, j'ai préféré faire des séances de piscine spéciales futures mamans. Du début à la fin de ma grossesse, une fois par semaine, j'allais à la piscine avec une sage-femme, dans un groupe de femmes enceintes, et nous nagions telles des baleines avec nos ventres ronds. Le but ? Soulager les maux de la grossesse et travailler un peu notre cardio pour le jour de l'accouchement.

Aucune séance de respiration-blocage-poussée, je ne suis même pas sûre que ça se fasse encore... Ma formation d'auxiliaire de puériculture et mes nombreux stages en maternité m'ont rendue un brin présomptueuse. Je pense connaître cette partie de mon métier...

Mon premier accouchement est donc déclenché. La péridurale est installée. Le travail se met très bien en route. Deux heures plus tard, montre en main, à 12 h 40, j'accouche sans aucune difficulté d'un petit Estebán.

Avec le recul, je me rends compte que la péridurale n'était pas forcément nécessaire. Avec la dose de cheval que j'ai reçue, je n'ai rien senti du tout. Je suis peut-être passée à côté de quelque chose... Je me souviens surtout d'avoir rigolé avec l'équipe soignante. Et à un moment d'avoir ressenti un petit inconfort et lancé : « J'ai l'impression que ça ne va pas. » La tête se présente. Le temps d'appeler la gynéco de garde, on me demande d'attendre, de ne pas pousser avant son arrivée (et on me facture ainsi au passage 250 euros l'acte médical). Enfin, le médecin qui m'a suivie toute ma grossesse est là. Je pousse une dernière fois et Estebán arrive. *Clac clac*, cordon ombilical coupé. Et, enfin, on pose mon bébé tant attendu, tant désiré, sur mon torse.

Nada. Rien. Nothing

Et là, aucune émotion ne vient. *Nada*. Rien. *Nothing*. Mais comment est-ce possible ? Je trouve ma réaction pour le moins bizarre, moi qui pleure comme une madeleine devant tous les accouchements de l'émission *Baby Boom* à la télé ! La seule chose qui me vient à l'esprit à ce moment-là, c'est : « Oh ! il est tout chaud ! » Une vraie poétesse, je vous dis. Mais, pétard, que se passe-t-il ? Dans mes rêves éveillés, je tombe pourtant éperdument amoureuse de ce petit être dès qu'il est posé sur mon ventre et il devient en une fraction de seconde mon univers, mon monde, ma raison de vivre.

Donc on en est là ? J'ai désiré si fort ce bébé et, maintenant qu'il est enfin là, il ne se passe rien en moi. Ah bah bravo, la mère parfaite !

J'en suis là dans mes nœuds au cerveau quand tout le processus médical repasse au premier plan. On me reprend Estebán pour lui donner, avec son papa, son premier bain. Bien entendu, il perd quelques degrés au passage. Face au risque d'hypothermie, on le remet contre moi pour un peau-à-peau. La tétée ? La mise au sein ? Personne n'en parle.

Avant l'accouchement, l'équipe demande aux parents ce qu'ils ont choisi pour nourrir le bébé à venir, et je leur ai pourtant bien dit que j'aimerais essayer de l'allaiter... Enfin, si ça fonctionne, parce que, oui, quand on n'y connaît rien, on pense que parfois ça fonctionne, et parfois non. Dans la vraie vie, c'est bien plus complexe que ça.

Puis Estebán file en couveuse, juste à côté de moi, pendant une heure ou deux. Le temps qu'il se réchauffe enfin. En toute honnêteté, toute cette agitation autour du bébé n'est pas traumatisante pour moi, je fais entièrement confiance à l'équipe médicale. Finalement, sa température remonte...

ENFIN LA MISE AU SEIN

Quel comité d'accueil quand nous remontons dans la chambre ! Estebán est très attendu, c'est le moins que l'on puisse dire ! Les grands-parents, les parents, la sœur et le frère de Vincent... Tout le monde est là ! C'est simple, on a compté : 45 visites, en trois jours, et 45 doudous ! Eh oui, Estebán est le premier petit-enfant des deux côtés de la famille.

À la fois épuisée par l'accouchement mais ravie de retrouver nos proches à notre chevet dans cette chambre de maternité, je me sens étrangement fatiguée mais en forme. Comme si, bizarrement, je me sentais flotter un peu dans mon corps. Je suis bien, tranquille, sereine. Je ne pense à rien de particulier. Je me laisse porter par les événements. Comme pour l'accouchement, je ne me suis pas trop penchée sur la suite de couches.

Et, comme pour l'accouchement, qui s'est bien passé, je suis confiante, là aussi. Pour mon allaitement, je pense aussi « savoir ». Je n'ai donc pas jugé utile de me renseigner. On verra bien.

Je crois que j'ai toujours voulu allaiter. Pas forcément beaucoup, pas forcément longtemps, mais je sais que ma mère nous a allaités, alors, naturellement, j'ai toujours pensé que je ferais pareil. C'est pratique, c'est facile, c'est gratuit, le lait est toujours à la bonne température, je n'y vois que des avantages.

De toute façon, je vais allaiter nature. Des seins, un bébé. Hop, hop, hop. *Easy, baby !* Oui, j'avoue que je pensais que cette partie-là serait facile. Très facile même. C'était oublier deux choses essentielles. Mon extrême pudeur et mon absence de poitrine.

Une première tétée publique ?

Nous étions là, tranquilles, à admirer ce beau bébé, quand soudain, au milieu de l'après-midi, une auxiliaire de puériculture arrive pour la fameuse première tétée. Depuis sa naissance et son passage en couveuse, personne ne s'était soucié de savoir si Estebán avait faim ou s'il avait mangé.

L'absence de poitrine empêche-t-elle d'allaiter ?

La réponse de Catherine Boite, consultante en lactation IBCLC : « Absolument pas ! Le sein est constitué principalement de la glande mammaire et de graisse. C'est la quantité de graisse qui détermine la taille de la poitrine. Donc, à part de rares cas où la glande mammaire est atrophiée ou n'existe pas, la taille des seins, et donc la quantité de graisse, n'a pas de conséquences sur la production de lait. »

Mon bébé dormait, je connaissais le principe « on ne réveille pas un bébé qui dort » ; du coup, j'attendais qu'il réclame pour lui donner à manger. Scoop ! Quand Bébé réclame, c'est souvent un peu trop tard.

L'auxiliaire entre donc. Et tous les yeux se braquent sur ma poitrine pour la mise au sein. Tous ces regards autour de moi... Le rouge aux joues et l'angoisse au plus haut niveau, mon extrême pudeur me rattrape. Une pudeur liée à un secret que je garde par-devers moi depuis plusieurs années. Je n'ai pas de seins. Et, pour le coup, ce n'est pas un excès de pruderie. Je n'ai vraiment pas de seins. Mais personne ne le sait... même pas ma mère. Je ne quitte jamais mes soutifs rembourrés triple épaisseur pour faire illusion.

Concernant ma poitrine, j'apprendrai plus tard que je souffre d'une malformation de naissance... Mais, à cette époque, le diagnostic d'hypoplasie mammaire n'a pas encore été posé. Forcément, je n'avais jamais osé montrer mes seins à un médecin. Je savais juste que je n'en avais pas. En fait, j'ai bien des glandes, mais pas de graisse. J'avais bien vu que mes seins étaient bizarres, mais, en même temps, je ne m'étais jamais posé la question de l'allaitement. Pourquoi ça ne marcherait pas ?

Alors, vous imaginez ma tête quand l'auxiliaire me lance d'un ton des plus naturels : « Sortez votre sein, on va faire téter votre bébé. » Car, oui, à la maternité, les seins, les parties intimes, tout est tellement naturel que la question de la pudeur ne se pose jamais. Et moi, perso, je n'avais jamais imaginé me retrouver dans une telle situation, face à la proposition d'une première tétée devant moult personnes. En fait, je n'avais jamais vraiment visualisé la première tétée dans ma tête. Mais une chose est sûre, je ne voulais pas que cela se passe comme ça.

Je suis dans la chambre, avec vingt paires d'yeux braqués sur moi. L'angoisse totale. Ah non ! Impossible. Donner le sein, oui, mais certainement pas comme ça, dans ces conditions, devant tout le monde. Je me liquéfie littéralement sur place. Mais j'arrive à trouver la force de demander à tout le monde de sortir. Allez, ouste. Du balai. Laissez-moi tranquille avec mes non-seins, mon bébé.

Je réussis tant bien que mal à faire évacuer la chambre. Sauf la grand-mère de Vincent. « Tu sais, ça ne me dérange pas du tout de rester. » Mamie est bien loin d'imaginer la pudeur qui me pétrifie à l'idée de me dénuder devant qui que ce soit. Vincent prend le relais et prévient tout le monde : on les rappelle quand j'aurai terminé de nourrir le bébé. Ils patientent donc tous dans le couloir. Cette situation est si étrange, ma gêne extrême me pousse même à me poser la question : « Qu'en pensent les gens autour de moi ? » Plutôt que : « Est-ce que mon bébé va correctement téter ? » C'est le monde à l'envers !

Une première tétée décevante

Inutile de vous faire un dessin. Je suis stressée au plus haut point. Et devinez quoi ? J'ai beau essayer avec la pro de la maternité et avec le soutien de Vincent, Estebán ne tète pas du tout. Mais alors pas du tout. Et l'auxiliaire appuie donc la tête du bébé sur mon sein. C'est pire.

Pourquoi ne faut-il pas appuyer la tête de Bébé sur le sein lors de l'allaitement ?

La réponse de Catherine Boite, consultante en lactation IBCLC : « Pour bien téter, un bébé doit poser sa bouche grande ouverte sur l'aréole de sa maman. Pour bien ouvrir sa mâchoire, le menton ne doit pas être bloqué sur son thorax, Bébé doit donc regarder légèrement vers le haut. Il vous suffit de faire vous-même le test et d'essayer d'ouvrir grande votre mâchoire en regardant vers le bas, puis vers le haut. Vous verrez la différence !

Si vous appuyez sur la nuque d'un bébé, il ne pourra donc pas relever sa tête et sa mâchoire ne pourra pas s'ouvrir au maximum.

De plus, la pression sur sa tête ou sa nuque entraîne des tensions d'opposition (Bébé lutte contre cet appui), ce qui provoque des contractures musculaires qui vont l'obliger à serrer le bout de sein avec ses mâchoires. Bébé va alors créer des douleurs intenses chez sa maman (crevasses, saignements...) et le lait ne pourra pas couler. Conséquences ? Cela entraînera une perte de poids chez le nouveau-né plus importante les premiers jours, une mauvaise mise en place de la lactation chez sa maman, puis une mauvaise prise de poids le premier mois avec le plus souvent la mise en place obligatoire de compléments. »

Ce geste est totalement contre-productif et ne fait qu'empirer la situation. À l'époque, mal informée, je ne vois pas que l'auxiliaire ne maîtrise pas les rudiments de la mise au sein. Estebán, affamé, pleure de plus belle. L'allaitement ne prend pas. L'auxiliaire nous dit qu'il vaut mieux lui donner un biberon. Et pour justifier cela et mieux nous convaincre, elle nous dit que, de toute façon, il est prématuré et que son poids est faible. Pourtant, 2,8 kg pour 47 cm, ce n'est pas si faible que ça pour un bébé né à trente-six semaines d'aménorrhée !

Existe-t-il d'autres « mauvais gestes » à éviter lors de la mise au sein ?

La réponse de Catherine Boite, consultante en lactation IBCLC : « C'est délicat à dire, mais plus les professionnels interviennent physiquement, moins bien se passe la mise au sein. Tous les gestes sur le bébé comme la pression sur sa tête ou sa nuque, les stimulations agressives pour le réveiller (comme le refroidir en le déshabillant, lui gratter la tête, les pieds, les mains…), mais aussi prendre le sein de la maman pour l'introduire dans la bouche du nourrisson… Tout cela rend la tétée difficile, douloureuse pour Maman, et surtout inefficace. En effet, la maman, stressée, bloque son ocytocine, une hormone dont la fonction est de dilater ses canaux de lactation et d'accélérer l'éjection de son lait. De plus, le bébé, lui aussi stressé, ne pourra développer une succion efficace. »

En mon for intérieur, je ne suis pas stressée. Un peu déçue, mais pas stressée. Instinctivement, je sens que les conditions ne sont pas réunies pour réussir cette première mise au sein. Trop de monde, trop de stress, trop d'agitation, trop de lumière…

Je me rassure en me disant que je reprendrai l'allaitement plus tard, à un moment plus propice et plus tranquille. Je ne m'inquiète pas outre mesure. C'est Vincent qui lui donne son premier biberon. La famille revient dans la chambre, sans vraiment me demander comment s'est passée cette première fois.

« On va y arriver »

Dans ma tête, je prends en compte tous les facteurs qui ont pu contribuer à ce que mon bébé n'ait pas réussi à téter... D'abord, il y a la dose de cheval de la péridurale, qui l'a un peu assommé. Ensuite, la fatigue due à la naissance, traverser le corps de sa mère pour voir le jour, ce n'est pas rien ! Mon petit bonhomme est crevé et c'est bien normal, quand il aura récupéré un peu de force, nous tenterons la tétée au calme.

Les heures passent, la chambre se vide peu à peu et, à la nuit tombée, je suis enfin seule avec Estebán. Plus aucune professionnelle n'étant dans les parages, je me mets à lui parler : « Allez, on va y arriver. Ne t'inquiète pas, on va y arriver. »

Je savais qu'une fois tous les deux, au calme, ce serait différent.

Je suis semi-assise dans mon lit, le bleu laissé par le cathéter de la péridurale dans mon dos me fait un mal de chien ! Je relève les genoux et installe Estebán sur mes cuisses face à moi. La lumière est douce et tamisée, pour la première fois depuis sa naissance, il ouvre les yeux et je plonge mon regard dans le sien. Quelque chose se passe, une petite connexion, je lui parle à voix basse, je lui présente mon sein, il cherche un peu, il pleure, alors je le redresse, j'essaye un peu différemment, je présente mon sein juste sous son nez, je me souviens de ce truc que l'on m'avait appris à l'école d'auxiliaire de puériculture : il faut que le bébé sente le sein avec son nez pour ouvrir en grand la bouche. Et c'est exactement ce qui se passe ! Il ouvre sa minuscule bouche et attrape mon sein. Je crois que là, à ce moment-là, je me sens un petit peu plus sa maman, j'ai la sensation que l'on vient d'accomplir tous les deux une étape incroyable du début de notre vie ensemble. Son petit corps tout crispé se détend instantanément, Estebán referme les yeux. Je l'observe réellement pour la première fois, j'essaye de connaître chaque centimètre de son visage, je lui parle d'une toute petite voix. Je reste très concentrée, il ne s'agirait pas qu'il lâche le sein maintenant qu'il a réussi à l'attraper. Et ça y est, il attrape vraiment mon sein et tète ! Ce geste tant attendu devient un moment magique et inoubliable !

Yes ! J'ai réussi ! J'ai réussi toute seule. Je suis si fière de moi. La sensation est tout à fait particulière, c'est comme si ça piquait un peu la première minute, puis je m'y habitue. Il tète quelques minutes. Comme je suis disciplinée et que l'on m'a dit qu'il fallait faire téter un bébé environ quinze minutes des deux seins, je m'exécute, je réussis à l'installer de l'autre côté, et il tète à nouveau, puis s'endort en lâchant complètement le sein. Je ne sais pas s'il est épuisé d'avoir tant tété ou s'il est repu.

Il n'y a pas à dire, quand les conditions environnementales sont réunies, tout est plus simple. Une lumière douce, une petite musique relaxante, une atmosphère apaisée sont autant de facteurs favorables à une bonne connexion avec son bébé. Et, surtout, zéro stress pour Maman !

Mais je suis pleinement rassurée. En plus, l'auxiliaire a laissé plein de biberons de lait enrichi pour « prématurés » car, avec ses 2,8 kg, Estebán est un petit gabarit. Alors, sans prise de tête, comme la professionnelle me l'a conseillé, toute la nuit, j'alterne. Le sein, le bibi. Le bibi, le sein. Et, franchement, Estebán semble très bien se nourrir. Ce que confirme l'équipe médicale dès le lendemain, puisque sa courbe de poids augmente un peu. Car, oui, le poids est le seul critère pris en compte dans la question « Ça va, il tète bien ? » lancée plusieurs fois par jour depuis la porte de la chambre. La qualité de la succion, la position, le temps de l'allaitement…, le personnel médical ne s'y intéresse pas. À tel point que personne ne voit, pas même le pédiatre sur place, qu'Estebán a un frein de langue qui l'empêche de bien prendre le sein…

Comment savoir si Bébé a assez mangé ?

La réponse de Catherine Boite, consultante en lactation IBCLC : « Dès le premier jour, il est important de s'assurer que les tétées sont efficaces. L'idéal est de masser le sein pour assouplir l'aréole puis commencer à extraire quelques gouttes de colostrum.

Ensuite, il faut vérifier la bonne installation et la bonne prise en bouche par le bébé (ne pas hésiter à appeler pour que quelqu'un vienne vérifier). Entendre des déglutitions régulières est un bon critère, mais elles n'apparaîtront qu'après la montée de lait, quand le débit sera suffisamment important. Après la tétée, il est important de laisser échapper une ou deux dernières gouttes et de nettoyer le bout de sein et l'aréole avec le lait, qui a des propriétés désinfectantes, cicatrisantes et nourrissantes pour la peau. Autre facteur très important : aucune douleur ni sensation désagréable ne doit apparaître pendant la tétée chez la maman. Enfin, pensez à bien observer les couches qui vont se remplir de méconium les premières vingt-quatre heures, puis, après la montée de lait de la mère, de beaucoup d'urine et de selles jaunes et liquides. C'est le signe que tout se passe pour le mieux. »

Nous sommes proches de Noël, je n'ai qu'une envie, c'est de le fêter avec les miens. Vincent et moi, nous mettons la pression pour sortir réveillonner avec Bébé en famille.

ENTRE TIRE-LAIT ET SEIN, PREMIERS TÊTE-À-TÊTE AVEC BÉBÉ

Au final, après trois jours et deux nuits en clinique, nous arrivons à persuader l'équipe médicale de nous laisser sortir le 24 décembre. Quelle joie de pouvoir retrouver les nôtres pour Noël ! À la dernière minute, ma mère a même trouvé une tenue spéciale Noël pour Estebán !

J'ai tellement hâte d'arriver. Aujourd'hui, quand j'y pense, je me dis que je n'étais pas du tout préparée à cette soirée. La fatigue de l'accouchement, bien sûr, mais surtout la mise en route – une heure de préparation pour ne rien oublier ! – et ensuite le trajet en voiture pour rejoindre la demeure de mes grands-parents, heureusement court, mais avec un nouveau-né tout se complique.

Mon truc à moi, c'était d'arrêter de m'encombrer avec du superflu. Un sac toujours prêt avec des couches, une tenue de rechange et de quoi nourrir Bébé (un bib' au cas où je n'arriverais pas à le mettre au sein), un moyen de portage déjà prêt et, dès qu'il faut sortir, il n'y a plus qu'à attraper tout ça sans se prendre la tête ou avoir peur d'oublier quelque chose d'essentiel.

Quel branle-bas de combat pour transporter un poids plume de moins de 3 kg ! Couffin, poussette, porte-bébé, biberon, tire-lait manuel, couches, et surtout essayer de ne rien oublier dans le sac à langer... Une vraie galère, au final !

Et, de la sortie de la clinique à l'arrivée chez mes grands-parents, le temps file à une vitesse folle... D'autant que je tenais absolument à donner le bain et la tétée à Estebán avant de partir ! J'étais tellement en retard déjà. Le stress.

Quand on commence à allaiter, faut-il prévoir une boîte de lait par sécurité ?

La réponse de Catherine Boite, consultante en lactation IBCLC : « Pas forcément. En fait, en quittant la maternité, certains critères sont à repérer et à respecter. Par exemple, l'absence totale de douleur chez la maman lors des tétées et juste après. Une montée de lait en cours et, lors des massages de l'aréole avant les tétées, un bon écoulement du colostrum, qui devient de plus en plus fluide et abondant. Les couches du bébé, elles, doivent comporter des selles jaunes et des urines après chaque tétée, et ce tout au long des premières semaines.

Ensuite, le plus important, les couches doivent être remplies d'urine (au moins six par jour) et les selles plus espacées.

Si vous cochez toutes les cases, inutile de prévoir une boîte de lait. Si, au contraire, tous les critères ne sont pas remplis, n'hésitez pas à consulter le plus rapidement possible une professionnelle spécialisée en allaitement afin de stimuler la lactation, de compléter avec du lait maternel recueilli et donc d'éviter le plus possible l'introduction de compléments de préparations pour nourrissons. »

Heureusement, en sortant de la maternité, j'ai pensé à acheter une boîte de lait par sécurité. Car, pour la soirée du réveillon, je compte sur mes seins, mais je ne sais pas si cela va suffire. Je pense que le biberon, c'est aussi une façon de me rassurer…

En effet, alors que je lui donne la tétée avant de partir, dans la chambre, tranquille, j'ai la désagréable impression qu'il ne boit pas beaucoup au sein, mais beaucoup plus au biberon. Par conséquent, je préfère assurer mes arrières et préparer tout le matos, et aussi me préparer mentalement à l'idée de tirer mon lait pour être sûre. Eh oui, je vais sans doute devoir tirer mon lait chez ma grand-mère pour la première fois de ma vie !

Durant ma grossesse, j'ai acheté un petit tire-lait manuel, je me disais que ça pourrait être utile si je venais à laisser mon bébé en garde quelques heures. Alors, puisque je suis équipée, j'embarque mon tire-lait en me disant que ça sera plus facile à quantifier et peut-être plus simple pour Estebán de boire mon lait au biberon plutôt qu'au sein. Je vois bien que l'effort demandé n'est pas le même pour lui. Et, surtout, je me rends bien compte que je n'ai pas encore la fameuse vraie montée de lait. C'est pourquoi je tire pour la stimuler et surtout me rassurer un peu.

La montée de lait arrive plus vite quand Bébé stimule régulièrement le sein. Si je l'avais mis au sein, même dans un demi-sommeil, plus régulièrement, j'aurais sans aucun doute eu la montée de lait avant de sortir de la maternité. Le vrai truc, c'est de ne pas regarder l'heure ni de se poser trop de questions sur les quantités de lait absorbé au début, de laisser les choses se faire naturellement.

Notre arrivée chez mes grands-parents nous remplit de joie, nous sommes ravis et si fiers de présenter notre petit bout à toute la famille ! Mon oncle, éternel blagueur, lui trouve des airs de petit singe quand tous les autres sont attendris par ce joli minois de quelques jours à peine.

Estebán s'endort entouré des siens, et nous commençons à réveillonner après avoir fait la traditionnelle photo de famille devant le sapin.

Transmission intergénérationnelle

Je m'isole ensuite dans la chambre de mes grands-parents (encore la fichue pudeur !). Munie de mon tire-lait manuel flambant neuf, je récupère quelques précieuses gouttes de colostrum. Je suis seule, le sein à l'air, le tire-lait dans les mains, quand ma grand-mère m'y rejoint. Je garde un souvenir ému de ce moment. Elle me parle de ses allaitements successifs, celui de ma mère et de mon oncle. J'apprends alors qu'elle a dû pas mal tire-allaiter, qu'elle a souffert de crevasses, de saignements. Que l'allaitement n'a pas du tout été une partie de plaisir, qu'elle a dû lâcher l'affaire pour ma mère car elle n'y arrivait pas. Et que mon oncle, allergique au gluten, a été hospitalisé de longues semaines après sa naissance et nourri exclusivement au lait de sa tante, qu'elle tirait en grande quantité pour lui fournir à l'hôpital. C'est clairement ce tire-allaitement par sa tante qui sauva la vie de mon oncle.

Je suis surprise d'apprendre tout ce pan de son histoire que j'ignorais complètement... Je comprendrai bientôt que les histoires d'allaitement se partagent entre initiées, comme les histoires d'accouchement. Comme si on faisait partie d'un cercle spécial. Avec ces mots simples, ce partage entre femmes de différentes générations, je me sens comme enveloppée et protégée sur ce nouveau chemin que j'emprunte à pas hésitants. Devant Mamie, je n'ai pas honte de montrer un bout de mon sein. Et elle me rassure en me disant : « Regarde, il y a une petite goutte qui coule. » J'arrive tant bien que mal à tirer quelque 10 ml. En conservant toujours cette impression de ne pas en avoir assez pour nourrir Estebán. Sans Mamie à mes côtés, j'aurais peut-être laissé tomber le tire-lait… Ma bouée a été, à ce moment-là, grâce à elle, de me raccrocher au fait que c'était normal de ne pas avoir encore beaucoup de lait. Ainsi, je tiens bon, en attendant la vraie montée de lait, qui a lieu en général autour du troisième jour après l'accouchement… Je dois dire que, entre ma famille et ma belle-famille, l'allaitement d'Estebán se fait dans un environnement sain et bienveillant. Même si, du côté de mon mari, aucune femme n'avait donné le sein. Heureusement, car je n'aurais pas tenu face à des avis réprobateurs, à des jugements de la part de mes proches, ou au traditionnel « ton bébé ne mange pas assez avec tes seins ». Les gens sont parfois d'une indélicatesse…, ça fait peur.

Dans un moment aussi difficile que le post-partum, il me semble important de se protéger des personnes malveillantes. Bien sûr, c'est plus facile à dire qu'à faire, mais on dit bien qu'« il faut tout un village pour élever un enfant » ; alors, à nous de nous construire notre propre village, de nous entourer de gens que nous aimons et sur qui nous pouvons compter, et de mettre nos distances, ne serait-ce que pour un temps, avec les personnes aux idées trop opposées aux nôtres ou qui ne vont pas nous soutenir dans cette aventure.

Je donne quelques gouttes de mon colostrum au biberon à Estebán. Quand il tète, il s'endort super vite. Je ne sais pas si c'est parce qu'il est parfaitement repu ou simplement goulu. Il me semble aussi préférer le biberon au sein, mais je chasse vite cette idée de ma tête.

Entre tire-lait et tétée, la soirée de réveillon se passe et nous rentrons vers minuit.

Quand commencer à tirer son lait ? Faut-il attendre la montée de lait ?

La réponse de Catherine Boite, consultante en lactation IBCLC : « Les premières vingt-quatre heures, il est important de faire les massages drainants et aréolaires afin d'assouplir l'aréole et de recueillir un maximum de colostrum pour nourrir le bébé.

Si le bébé n'arrive toujours pas à téter, s'il pince et commence à blesser sa mère, il est important de démarrer les tirages avec un tire-lait adapté et de qualité en préparant toujours l'aréole et en amorçant vraiment l'écoulement du colostrum avec un massage drainant puis aréolaire. Ce geste manuel rend le tirage beaucoup plus efficace et confortable.

Dans le cas où le bébé fait un séjour en néonatalogie, la maman devra mettre en place sa lactation grâce au massage manuel de ses seins et au tire-lait. Il est alors important qu'elle commence le plus tôt possible après la naissance (dès son retour en chambre) si son état le permet, et si elle le souhaite, bien sûr. »

PREMIÈRE NUIT À LA MAISON… L'ANGOISSE !

Enfin arrivés à la maison, nous nous dirigeons directement vers sa jolie petite chambre. Nous avons mis tout notre cœur dans sa préparation : le petit lit repeint par Maman, le doudou choisi par Papa et… le visiophone dernier cri. Une petite merveille de technologie…

Il sera super bien dans cette chambre, c'est certain ! Allez, hop ! Une dernière micro-tétée pour la route, un dernier complément de biberon, un énorme câlin et je le pose endormi dans son lit… De mon côté aussi, je vais me coucher. Mais je n'arrive pas à fermer l'œil. Mon regard est scotché sur l'écran tout à côté de moi. OK, je vois Estebán dormir. Mais quelle angoisse ! Et s'il arrête de respirer ? Et s'il pleure et que je ne l'entends pas ? Et s'il lui arrivait malheur pendant que, moi, je dors tranquille de l'autre côté du mur ? Je suis en panique totale. Je sens une larme couler le long de ma joue. En silence, je pleure dans mon coin du lit. J'essaye de ne pas faire de bruit pour ne pas déranger Vincent. Et puis, surtout, il n'est pas question de lui parler et de commencer à l'inquiéter avec mes bêtises alors que lui n'a pas l'air du tout préoccupé par la situation. J'essaye de me rassurer comme je peux : « Allez, ma cocotte, ressaisis-toi, un bébé, ça dort dans sa chambre et tout se passe très bien comme ça. » Surtout que j'ai encore en tête les recommandations maternelles : un bébé dans la chambre parentale, c'est la mort du couple. Certes, là, tout de suite, je ne pense pas à faire des galipettes avec Vincent, mais autant prendre le bon pli dès le début. Bébé dans sa chambre et les parents dans la leur. Et puis ma mère a élevé trois enfants, je peux lui faire entièrement confiance.

J'apprendrai bien plus tard qu'en fait, de son côté, Vincent partage exactement la même inquiétude que moi… sans rien dire non plus, car entre nous deux, c'est moi « la pro ». Les bébés, c'est mon métier, donc je sais forcément ce que je fais… Sauf que, en réalité, je suis en totale impro, sans filet, faisant parfaitement semblant de gérer la situation d'une main de maître. Dans notre chambre, ce soir-là, se joue un dialogue de sourds, acte III.

Lui : « Laisse-la faire, c'est la *boss.* »

Moi : « Panique pas, sinon comment va-t-il réagir, lui qui a tenu un bébé dans ses bras pour la toute première fois il y a seulement trois jours ? Le jour de la naissance de son premier enfant… »

Dans les relations humaines, la communication est souvent la clef pour trouver des solutions. J'imagine que si nous nous étions écoutés, nous aurions mis son petit lit au pied du nôtre pour la nuit…

Finalement, ce soir-là, c'est l'auberge des culs tournés et rien ne filtre, surtout pas notre angoisse commune. Je ne me sens pas bien. Vincent non plus. Mais nous n'écoutons pas notre instinct. Les jours passent et une petite routine s'installe. Je m'occupe de mon bébé avec grand soin et beaucoup de professionnalisme. Je l'habille, je le change, je le nourris comme j'ai toujours appris à le faire, comme je l'ai toujours fait avec d'autres bébés.

Le miracle !

C'est quand Estebán a 9 jours que quelque chose d'extraordinaire arrive. Je suis occupée à remplir des papiers administratifs sur la table, Estebán posé éveillé dans son cocon à côté de moi.

Je le regarde et, d'un coup, mon cœur explose. Mon cœur explose littéralement d'un amour indéfinissable et indescriptible. Je prends mon bébé dans mes bras, je lui dis des mots doux avec beaucoup de larmes dans les yeux et dans la voix. Je m'autorise enfin à l'aimer de tout mon être et à devenir maman.

Estebán a 9 jours et nous nous sommes enfin rencontrés. Je réalise que ce beau bébé, ce n'est pas n'importe quel bébé, c'est la chair de ma chair, le petit être qui a chamboulé notre vie à jamais. Et que ce bébé, je l'aime comme je n'aurais jamais imaginé pouvoir aimer. Estebán a 9 jours et, enfin, je tombe éperdument amoureuse de lui. J'imagine que ce moment coïncide avec celui où j'ai pris mes marques avec lui, où j'ai enfin lâché prise sur le quotidien et où j'ai eu l'impression de ne plus faire semblant. De ne plus être la pro, mais la maman. Ce n'est pas le même rôle. Là, enfin, je m'autorise à ne plus m'occuper d'un bébé professionnellement, mais juste naturellement, parce que ce bébé ne m'a pas été confié, je l'ai mis au monde.

COMMENT CONCILIER TRAVAIL ET ALLAITEMENT ?

Mon congé maternité file doucement dans ce nid familial entre Estebán, Vincent et tous les autres. Nous habitons encore chez mes parents pour quelque temps.

Je peux pleinement profiter des semaines restantes avec mes amours. Profiter... mais déjà, comme toutes les mamans, je pense à l'après. Au moment de la reprise du travail qui approche à grands pas. Et la question qui se pose et commence à m'angoisser revient de plus en plus fréquemment : comment je vais faire pour concilier mes contraintes professionnelles et la garde de mon bébé ? Car, si je résume, avec mes deux heures de trajet matin et soir, j'ai une amplitude horaire de 6 heures à 20 heures. Gloups. Je ne peux pas passer ma vie dans les transports, ma journée à m'occuper d'autres bébés et me réserver une courte heure le soir pour le mien. Impensable. J'ai beau tourner ça dans tous les sens, je n'ai pas d'autres solutions que de trouver un emploi dans une crèche plus proche de mon domicile. J'envoie des CV à tout-va. Pas une crèche n'échappe à mon quadrillage. Et, dès le lendemain, l'une d'elles, proche de chez moi, me contacte. Ravie, je laisse Estebán, qui a 1 mois et 1 semaine, à ma mère pour me rendre à l'entretien. La bonne nouvelle ? Le poste est pour moi. Sauf que... je dois commencer là maintenant tout de suite. Enfin, dans quinze jours, ce qui revient au même, ce sera bien avant la fin de mon congé maternité. Mais qu'importe. Mes proches m'encouragent à accepter ce poste, juste à côté de chez moi, ce qui changera radicalement mon quotidien. Et me permettra de continuer plus paisiblement l'allaitement.

Laisser le temps au temps...

Depuis la mise en place de l'allaitement, bien des choses se sont passées.

J'ai commencé à tirer mon lait pour le donner au biberon à Estebán. Quelques jours après sa naissance, je voyais bien qu'il ne faisait que s'endormir dès que je le mettais au sein et, quand il ne s'endormait pas, il s'énervait, tétait mal... Je m'étais dit que ce serait peut-être plus simple pour être sûre de le nourrir suffisamment. Seulement, c'est quand même une sacrée logistique ! Laver le tire-lait, le démonter, laver les biberons, recommencer ! C'était la valse de la vaisselle. Alors que j'avais choisi cette technique d'allaitement pour sa simplicité, on s'en éloignait grandement ! Quand Estebán a eu 15 jours, ma mère m'a soufflé de le remettre au sein pour voir, que peut-être il téterait mieux maintenant. Et elle avait raison ! Il s'est mis à téter, et c'est à ce moment-là que je date le véritable début de mon allaitement au sein, à J+15. Donc, après tout le mal que je m'étais donné pour réussir à alimenter mon tout-petit au sein, je ne souhaitais pas mettre en péril mon allaitement. Être proche de mon lieu d'habitation pour travailler m'éviterait de sauter trop de tétées en me permettant de retrouver plus tôt mon petit bébé.

Prévoir un tire-lait est-il obligatoire quand on allaite ?

La réponse de Catherine Boite, consultante en lactation IBCLC : « Toute maman allaitante n'a pas besoin d'un tire-lait. Malheureusement, lorsqu'elle en a besoin à la maternité, il n'y en a pas obligatoirement un de disponible, la qualité du tire-lait n'est pas non plus toujours la meilleure et parfois les professionnelles ne veulent pas lui en donner, pensant que c'est inutile, voire dangereux, cela par manque de connaissances et de formation.

Une maman peut en avoir besoin dès le premier jour, lorsque le bébé n'arrive pas à téter ou lorsqu'il lui fait mal, afin de recueillir du colostrum, de le donner au bébé et de stimuler sa lactation. Elle peut aussi en avoir besoin lors de sa montée de lait afin de drainer ses seins et d'éviter un engorgement si le bébé n'arrive pas à téter correctement ou si la maman a beaucoup trop de lait. »

Un équilibre difficile à trouver

Entre la peur de ne pas trouver un meilleur poste et mon envie de bosser près de chez moi pour me dégager du temps pour Estebán, j'accepte donc de casser mon congé maternité et de reprendre le travail quand Estebán a à peine 2 mois. Les horaires sont hyper-adaptés à ma vie de famille : 7 h 30-14 h 30 ou 11 h 30-18 h 30. Je pense avoir trouvé le bon plan.

D'autant que la super-nounou que j'avais trouvée pour lui accepte de le prendre avec cinq semaines d'avance... Bref, tout semble parfaitement s'aligner pour que je dise oui. Je réponds favorablement à la directrice de la crèche, en précisant cependant que, souhaitant continuer à allaiter Estebán, j'aurai besoin de mes heures « allaitement » et d'un endroit approprié pour tirer mon lait tranquillement.

Quelle différence entre le tire-lait manuel et le tire-lait mécanique ?

La réponse de Catherine Boite, consultante en lactation IBCLC : « Un tire-lait électrique est totalement pris en charge par la Sécurité sociale et aussi moins fatigant à utiliser qu'un tire-lait manuel. Il faut toutefois choisir un très bon modèle et savoir parfaitement le régler. Il doit être efficace et très confortable à l'utilisation. Les tire-lait manuels sont plutôt utilisés en cas de recueil ponctuel. Il existe maintenant des tire-lait électriques que l'on peut installer dans son soutien-gorge. Ils sont chers mais extrêmement pratiques. C'est idéal pour lancer une lactation, pour la stimuler, pour la reprise du travail… »

Je commence très vite l'adaptation d'Estebán et j'entame un nouveau pan de vie. Dans cette crèche, véritable usine à bébés, je déchante très vite. Si, sur le papier, la directrice m'avait vendu un super-projet pédagogique, la réalité est tout autre. Je m'occupe des tout-petits (moins de 6 mois), et je suis obsédée par une idée : « J'ai laissé mon bébé pour m'occuper mal d'autres bébés. » Pour moi qui ai été biberonnée à la super-crèche parisienne, la désillusion est immense. Je suis passée d'un modèle de crèche Lóczy où chaque geste est minutieusement accompagné de douces paroles pour rassurer les bébés à une crèche à l'ancienne où rien n'a été pensé pour les besoins des enfants. Et mes coups de gueule à la direction pour notifier les dysfonctionnements manifestes ne passent pas. On me catalogue vite de « chiante », d'« emmerdeuse », alors que je veux juste bien faire mon travail.

Peut-on ne plus avoir de lait du jour au lendemain ?

La réponse de Catherine Boite, consultante en lactation IBCLC : « Un choc psychologique peut entraîner un arrêt immédiat d'éjection du lait. Une zone du cerveau, le système limbique, très sensible aux émotions, peut provoquer un arrêt de sécrétion d'ocytocine. L'éjection ne peut plus se faire alors que le sein peut tout à fait produire du lait grâce à la sécrétion de prolactine.

Il est important de soutenir cette maman, de lui permettre d'exprimer ses peurs ou sa tristesse et surtout de lui préciser que l'écoulement du lait peut reprendre à tout moment, quand elle se sentira mieux.

Concernant la reprise du travail, les facteurs pouvant diminuer ou arrêter la production de lait sont divers :

- une reprise trop précoce : avant 3 à 4 mois, l'allaitement est encore dans une phase d'installation ;
- du stress lié à l'environnement de travail, à la crainte de ne pouvoir tirer son lait dans de bonnes conditions… ;
- de la fatigue : lever tôt, transport, journée de travail, transport, retour à la maison et gestion des autres enfants et des charges quotidiennes (repas, ménage, lessive…). »

J'essaye tant bien que mal de me raccrocher à une idée. J'ai trouvé du boulot, près de chez moi, ce qui me laisse du temps pour m'occuper de mon bébé et continuer à l'allaiter, c'est le plus important pour moi.

Quand Estebán fête ses 4 mois, nous emménageons dans notre appartement, première acquisition immobilière et premier espace rien qu'à nous pour voir grandir notre petite famille.

Dans le même temps, j'apprends qu'un poste à 80 % se libère dans une mini-crèche de la ville. Je sais que ma réputation sulfureuse me précède, mais je vais quand même demander. Surtout que mon poste actuel me mine le moral. N'ayant pas les moyens de travailler correctement, j'ai la désagréable impression d'être une mauvaise professionnelle. Je dois en effet m'occuper d'une section de bébés de moins de 6 mois, parfois seule, sur des temps difficiles comme les repas, où je me retrouve à donner à manger à la chaîne à trois bébés dans des transats pendant que d'autres pleurent sur leur tapis. Autant dire que c'est compliqué. J'essaye de mettre ces difficultés de côté chaque fois que je retrouve mon bébé pour en profiter pleinement. Sauf que… le stress, la reprise du travail, la fatigue. Mon allaitement s'écroule littéralement.

L'allaitement, un acte de dévotion continu

J'avais prévenu dès mon embauche que je voulais bénéficier du temps légal (d'une heure par jour répartie dans la journée selon les montées de lait) pour pouvoir tirer mon lait. Oui, oui, pas de problème. Sauf que la salle dédiée dans laquelle j'installe mon tire-lait mécanique est un lieu de passage, c'est la biberonnerie, l'endroit où nous préparons les repas et les biberons de tous les enfants de la section. C'est simple, je suis à peine installée depuis dix minutes que cinq personnes sont déjà passées. Certes, au vu de la situation, elles me disent toutes : « Oups, pardon, on ne voulait pas déranger. » Mais elles ne partent pas pour autant ! Et vous commencez à connaître ma pudeur légendaire. Autant dire que je ne suis pas au top du tout ! J'ai pris l'habitude de tirer mon lait de temps en temps à la maison, mais toujours au calme, dans la chambre de mon bébé, sur le siège à bascule. Je ne vois pas comment je vais pouvoir continuer l'allaitement ainsi. Le tire-lait trois fois par jour dans ces conditions, ce n'est clairement pas possible. Idéalement, il m'aurait fallu un espace intime, où j'aurais pu tirer mon lait sans me préoccuper de ce qui se passe autour. Un endroit où j'aurais pu être concentrée. Le tire-allaitement, c'est quelque chose de spécial ; au-delà de juste devoir « vider le trop-plein » de lait dans les seins, il faut réussir à provoquer une montée de lait pour maintenir une bonne lactation. C'est-à-dire duper son cerveau pour qu'il pense que l'on est en train de nourrir son bébé, alors que le bébé n'est pas là. Dans un environnement propice, ce n'est déjà pas toujours simple, mais alors là, avec toutes les questions annexes qui me passent par la tête pour trouver comment préserver ma pudeur et tirer mon lait, c'est juste impossible.

Cette expérience du tire-allaitement au travail est encore un souvenir douloureux pour moi. Je me souviens de ce sentiment de malaise au boulot quand tout le monde circule sans se soucier de toi, de ce que tu fais, sans respecter tes choix. Dans cette petite salle, je me souviens encore d'avoir clairement voulu disparaître…

Je décide donc très vite de réserver l'allaitement au matin et au soir seulement. De ne plus tirer mon lait au boulot et, le reste du temps, biberon. J'ai l'impression que ça ne changera rien, que dès qu'on sera ensemble il prendra le sein. Je suis complètement à côté de la plaque, mais je ne le réaliserai que plus tard. L'allaitement, ce n'est pas à la carte, quand je veux et quand je peux. C'est un acte de dévotion continu en fonction des besoins du bébé.

Mais bon, à l'époque, je suis plutôt confiante, plein de mamans m'ont dit qu'elles avaient continué à allaiter uniquement le matin et le soir, alors pourquoi pas moi... ?

Mais là, cela fait à peine deux mois que j'allaite Estebán... Avec le recul, je peux dire que l'allaitement n'était clairement pas installé. Je sais aujourd'hui, avec mon expérience, que l'on peut tenter de maintenir la prise au sein uniquement le matin et le soir sans tirer son lait quand l'allaitement est bien installé et que le bébé est grand. Et, surtout, que cela signifie qu'il faut compenser en donnant la tétée à la demande tout le reste du temps, la nuit, le soir, les week-ends, afin de maintenir une bonne lactation.

Dans les conditions qui sont les miennes, j'envoie clairement un message contradictoire à mon corps.

L'allaitement, c'est comme une usine qui produit à la demande ; si la demande baisse, c'est que le bébé n'a plus besoin de lait, donc le corps de sa mère se met en mode sevrage, il diminue les stocks en production, jusqu'à ne plus produire du tout.

Quand peut-on dire que l'allaitement est bien installé ?

La réponse de Catherine Boite, consultante en lactation IBCLC : « Ce n'est pas vraiment une question de temps, mais plutôt de qualité de la tétée. Pas de douleur chez la maman, belle prise de poids qui suit les courbes préconisées par l'OMS (Organisation mondiale de la santé), au moins six couches bien lourdes (selles semi-liquides, urine) par jour et un bébé apaisé entre les tétées, surtout s'il est en portage, ce qui diminue les risques de reflux et l'aide à gérer sa digestion et d'éventuelles coliques. »

Résultat : plus une goutte de lait en une semaine. Quand je tire le lait, plus rien. Quand je mets Estebán au sein, c'est la sérénade. Bébé a faim et me le fait savoir. Affolée, j'en parle à ma mère. Elle me rassure comme elle peut... « Tu sais, Estebán a 2 mois et demi. C'est déjà super de l'avoir allaité pendant toutes ces semaines. »

« Tout m'échappe »

J'ai l'impression que tout m'échappe. Je ne voulais pas que l'allaitement s'arrête. Pas comme ça. Pas maintenant. Mais bon. Je prends sur moi et je ne culpabilise pas en me disant que c'est la vie. Je passe donc au lait artificiel. Et là, c'est le drame. Estebán supporte très mal ce changement.

Il ne semble pas réagir au fait de ne plus être au sein, il prenait déjà le biberon chez sa nounou, ça ne change rien pour lui, mais le changement d'alimentation et la composition tout à fait différente du lait artificiel semblent dérégler complètement son métabolisme.

Son intolérance aux protéines de lait de vache se manifeste immédiatement par des épisodes aigus de constipation et des crises particulièrement sévères d'eczéma sur le ventre et le visage. Il se tortille et hurle de douleur, on se retrouve à filer à la pharmacie en quatrième vitesse, on cherche une alternative, pourquoi est-il constipé ? La pharmacienne me répond : « Ne cherchez pas, vous avez arrêté d'allaiter, il ne tolère pas bien le lait artificiel. » Je culpabilise à mort. C'est ma faute si mon bébé va si mal. Si j'avais su... L'horreur. D'autant plus que, une fois l'allaitement terminé, il n'y a pas de marche arrière possible. En tout cas, je n'envisage pas cette option. Pourtant, la relactation est tout à fait possible, mais à cette époque je ne le sais pas.

Les semaines passent et nous cherchons des solutions auprès de notre médecin, qui nous prescrit une crème à la cortisone à appliquer sur ses plaques.

Cette solution n'est pas viable et nous ne souhaitons pas continuer à étaler une crème médicamenteuse régulièrement sur notre petit bébé. Nous décidons de demander conseil à Catherine, la grand-cousine de Vincent, qui est une conseillère en lactation extraordinaire… et qui a accepté de partager tous ses conseils professionnels pour enrichir ce récit. Gratitude éternelle.

Suite à la discussion avec l'experte de la famille, nous excluons la piste de la relactation. Ce mécanisme, peu commun et vraiment contraignant, exige certaines conditions que je ne suis pas en mesure de respecter. Tirer le lait toutes les trente minutes en travaillant, c'est clairement impossible. Nous décidons de passer au lait de chèvre ou de riz, et surtout d'arrêter le lait de vache.

Je pense que si une amie me disait regretter d'avoir mis un terme à son allaitement prématurément, je l'encouragerais à tenter une relactation. Le sentiment de culpabilité et le manque lié à l'arrêt de l'allaitement sont extrêmement difficiles à vivre. La relation particulière, les câlins avec ton bébé, c'est quelque chose qui est indescriptible. Et ça vaut vraiment le coup de réessayer avec la relactation.

J'arrête donc l'allaitement le cœur lourd, non pas déçue du chemin parcouru, mais plutôt de ne pas satisfaire pleinement les besoins de mon bébé. Il a 4 mois et je commence mon nouveau contrat dans une nouvelle crèche de la même ville. C'est une mini-crèche, construite dans des appartements en rez-de-chaussée d'un immeuble d'habitation. Les locaux sont à échelle humaine, les groupes sont plus petits et l'équipe me fait me sentir à ma place immédiatement. Ma réputation de casse-pieds m'avait précédée, mais l'équipe avait décidé de se faire sa propre opinion sans écouter les on-dit. Tout rentre donc dans l'ordre du côté du boulot. Cette fois, mon 4/5e me libère tout mon mercredi, que je passe entièrement avec Estebán. Ces moments partagés compensent largement la perte de salaire infligée par mon temps de travail aménagé. Vincent poursuit de son côté son master en alternance en tant que conducteur de travaux.

Aux petits soins pour un bébé hyperactif

Les mois passent ainsi tranquillement. Estebán grandit et demande énormément d'attention. Nous nous rendrons compte seulement bien plus tard que, comme beaucoup de membres de la famille, il a hérité d'un trouble dont on parle de plus en plus : TDAH, pour « trouble déficitaire de l'attention avec ou sans hyperactivité ». Dans le cas d'Estebán, nous avons pris l'option sans, ce qui nous donne déjà suffisamment de travail...

Avec Vincent, nous sommes donc aux petits soins et nous répondons à ses demandes au taquet en moins de quelques secondes. Il est particulièrement impatient ; aussi, nous avons pris l'habitude, lorsqu'il se réveille le matin, de courir lui préparer son biberon avant d'aller lui dire bonjour ou de le sortir de son lit, sans quoi survient une crise de colère sans nom ! Je dévore tous les livres sur l'éducation positive, je m'imprègne de tous les conseils des professionnel·le·s pour essayer d'être la meilleure mère possible. Nous voyons bien que notre bébé demande une attention particulière, mais bon, en même temps, c'est un bébé, notre vie tourne désormais énormément autour de lui et nous nous en accommodons parfaitement.

Estebán n'est pas un bébé câlin, mais plutôt un bébé remuant qui a constamment besoin d'être occupé. On doit lui proposer de nouvelles choses tout le temps, puis, parfois, il connaît des phases d'obsession, pour un objet, un jouet, une activité, qu'il va particulièrement apprécier, jusqu'à s'en défaire et passer à autre chose… C'est particulièrement déroutant au début.

Enfin, Estebán n'est pas du tout tactile. Mais nous, qu'est-ce que nous aimons le sentir contre nous ! Et nous avons eu la chance de découvrir, quand il avait à peine 2 semaines, quelque chose de formidable : le portage en écharpe. Il y a neuf ans, autant vous dire que ce n'était pas monnaie courante. Durant ma grossesse, j'avais vaguement regardé, mais j'avais trouvé que ce simple bout de tissu coûtait affreusement cher, j'avais préféré acheter une petite poussette simple d'occasion sur Leboncoin.

C'est une amie de ma mère qui m'a offert cette écharpe bleue de portage, de la marque Je porte mon bébé, et cela a bouleversé ma vie. Oui, vraiment, cette écharpe a créé quelque chose de particulier entre nous. Ainsi, nous avons commencé à porter notre bébé, d'abord avec un nœud pour sécuriser nos réglages plus ou moins hasardeux, puis, après quelques utilisations, avec bien plus de confiance, nous installions notre bébé en deux temps trois mouvements pour nous déplacer. En écharpe, il dormait contre nous, il se promenait au chaud, il observait le monde à hauteur d'adulte… C'étaient nos moments câlins à nous durant lesquels nous pouvions sentir son petit cœur battre la chamade contre le nôtre. Nous avons bien vite vendu notre poussette et investi dans d'autres moyens de portage physiologique.

II.

Olivia, de la magie au sevrage difficile

Cette fois, je me sens mieux armée et plus sereine pour mener à bien cet allaitement. Un mois, deux mois, six mois… Petit à petit, je bats des records. Avec Olivia, je vis pleinement « la magie de l'allaitement » et je n'envisage pas d'arrêter… à moins que la petite me le demande. Mais la vie va en décider autrement. Mon envie d'enfanter à nouveau m'oblige à arrêter brutalement l'allaitement d'Olivia. C'est un drame pour elle et pour moi…

Avec ce sevrage difficile, alors qu'elle n'était pas prête et qu'elle n'avait rien demandé, j'ai l'impression de lui faire du mal. Je m'en veux terriblement.

Nom de code de cet allaitement : fusionnel.

Ce que j'ai appris de l'allaitement avec Olivia : qu'il y a des bébés plus instinctifs que d'autres, avec de bons réflexes de succion. L'aventure de l'allaitement, plus facile, devient alors formidable. J'ai aussi appris que la tétée, ce n'est pas uniquement pour se nourrir, c'est un acte de connexion et d'amour. Que les *deadlines*, ça ne sert à rien à part se foutre la pression inutilement.

Le temps s'écoule paisiblement, quand, au premier anniversaire d'Estebán, j'ai une furieuse envie de retomber enceinte. J'ai du mal à exprimer ce que je ressens avec des mots, car, littéralement, cette envie me prend aux tripes. C'est vital, instinctif, animal. Je suis alors sous stérilet et Vincent déclare qu'il n'est pas encore prêt pour tout recommencer. En 2014, j'aurai 23 ans. Pour mon anniversaire, organisé dans notre appartement, je m'attends à tout sauf... à ce que Vincent me demande en mariage. Je suis profondément touchée autant que surprise par cette demande inattendue, mais aussi et surtout par sa délicate attention à l'ancienne. La veille, Vincent a officiellement demandé ma main à mon père. Cela m'émeut au plus haut point de savoir que le tout premier homme de ma vie, mon papa, était ainsi dans la confidence et n'a pipé mot. Je suis d'autant plus surprise par ce revirement de situation que Vincent n'arrêtait pas, sans doute pour brouiller les pistes, de me dire que se marier, c'était quand même « foutre de l'argent en l'air » et que pour l'instant nous n'avions pas vraiment les moyens pour cette fantaisie... Mes rêves de mariage pouvaient bien attendre !

Alors, oui, j'ai été surprise et émerveillée par cette demande inattendue. Je veux me marier, c'est une certitude. Mais, tout comme je savais que je voulais la péridurale pour mon premier accouchement, je ne veux pas me marier enceinte. Voilà comment Vincent a su reculer l'échéance du deuxième bébé de la meilleure des façons, en me remplissant la tête d'un autre grand projet qui allait nous demander du temps et de l'énergie pour les mois à venir... Notre merveilleux mariage. Malin ! Donc je mets de côté mon envie d'enfant et me laisse embarquer dans la merveilleuse aventure de l'organisation du mariage de nos rêves. Celui-ci aura lieu le 31 octobre 2015 ;

avec Vincent, l'automne est notre saison, celle qui nous a permis de nous mettre en couple, celle qui nous plaît le plus…

Nous sommes tout à nos préparatifs de mariage quand je prends une décision qui va radicalement changer ma vie : consulter un chirurgien esthétique pour mes seins.

MES NOUVEAUX SEINS

Je vous ai déjà expliqué ma grande pudeur lors de mon premier allaitement. Un simple excès de pudeur qui peut faire sourire. Surtout dans nos sociétés où tout se dévoile, où plus rien n'est caché. Sauf que, moi, je vous parle d'un profond mal-être que je traîne depuis mon adolescence : l'absence totale de poitrine. Vers mes 14 ans, j'ai commencé à porter des soutiens-gorge, pour faire comme les copines. Sauf que les miens étaient complètement vides. Je voyais le corps des autres changer, certaines porter des décolletés qui me faisaient rêver, et de mon côté rien ne bougeait. À cette époque, je n'avais pas encore de règles et mon corps d'enfant me semblait en corrélation avec ça. Les mois passaient, et rien ne changeait, jusqu'à ce que ma petite sœur, qui a deux ans de moins que moi, soit elle-même réglée avant moi et commence à avoir la poitrine qui se forme. Nous avons beau former une famille au dialogue ouvert, où nous parlons de tout sans aucun tabou, ce truc en moins, je le gardais quand même pour moi, comme honteuse de ne pas être comme tout le monde. À l'âge de 16 ans, mes règles arrivent enfin ! Pour moi, c'est un peu la délivrance ! Quand certaines de mes copines trouvaient que c'était le calvaire des menstruations qui commençait, j'y voyais le signe de pouvoir un jour avoir des enfants. Mais aussi de me transformer pour espérer devenir une femme comme je pouvais l'entendre du haut de mes 16 ans. Comme vous pouvez l'imaginer, il ne s'est pas passé grand-chose ! J'ai commencé à prendre la pilule quelques mois plus tard, histoire de ne pas tomber enceinte à

17 ans (l'idée était loin de me déranger, mais mon petit copain de l'époque et mes parents n'étaient pas du même avis !). J'ai alors pris 10 kg en quelques mois, comme beaucoup de jeunes femmes sous contraceptif non adapté. C'est la seule fois de ma vie où un peu de gras s'est logé dans mes seins, mais bon, bien moins que dans mes fesses ! J'ai dû changer rapidement de moyen de contraception, et j'ai perdu les quelques kilos qui s'étaient installés, et mes mini-seins avec. Dans ma tête, je ne m'y suis pas faite, j'ai juste continué à faire comme si, sans penser une seule seconde à passer sur le billard pour pimper ma carrosserie et ajouter quelques pièces détachées.

En dehors de l'aspect esthétique, déjà très gênant, j'ai aussi toujours pensé allaiter. Et je n'ai pas imaginé un instant que mes non-seins pourraient me mettre des bâtons dans les roues. Concrètement, je me disais que l'allaitement était quelque chose d'intime, que je m'isolerais de toute façon pour donner le sein, sans même réfléchir au fait que l'allaitement se fait à la demande, que le bébé ne tète pas à heure fixe ni uniquement quand on est bien au calme chez soi. Je crois que ça s'appelle… le déni !

Maintenant que j'ai mûri, pour ne pas dire grandi, je peux dire que ne pas avoir de seins ou avoir une petite poitrine peut être une force. J'aurais aimé réussir à accepter mon corps tel qu'il était dès mon plus jeune âge. J'espère que mes filles, si elles héritent de ma physionomie, n'auront pas de mal à me parler de leurs complexes si elles en ont. J'espère surtout qu'elles n'auront pas à cacher leurs petites poitrines comme une tare. Et si un jour elles en viennent à se poser la question d'une augmentation mammaire, alors je serai là pour les accompagner dans leur cheminement. Pour être sûre qu'elles ne prennent pas cette décision à la légère, mais bien après avoir pesé le pour et le contre d'une telle opération.

Les faux seins naturels, c'est possible !

Pour moi, cette absence de poitrine, c'est un peu comme si mon corps n'avait pas fini son job. Dans ma tête, j'étais une femme ; dans mon corps, une petite fille sans poitrine. En fait, le déclic a eu lieu grâce à une collègue de travail dont j'étais très proche. Au détour d'une conversation, elle m'explique qu'elle porte des implants mammaires depuis plusieurs années.

C'est alors la première fois que je me rends compte que les faux seins, ce n'est pas forcément la poitrine de Pamela Anderson dans *Alerte à Malibu* ! Avec elle, je suis mise face à l'évidence, les faux seins naturels, c'est possible. La preuve ? J'ai eu ses seins sous le nez pendant des mois sans rien voir !

Ainsi, je décide de consulter son médecin esthétique pour obtenir un avis. Ça devient une obsession, je souhaite être la meilleure version de moi-même pour le jour de mon mariage.

C'est un grand pas pour moi qui n'ai jamais montré ma poitrine à quiconque, encore moins à un inconnu en blouse blanche, sauf à ma grand-mère quand j'allaitais Estebán.

La bonne nouvelle ? Je ne suis pas folle, je souffre bien d'une malformation. Son petit nom : une hypoplasie mammaire bilatérale. En clair, je me retrouve à l'âge adulte avec moins de 2 cm entre le point le plus haut de mes seins et le point le plus bas. Deux centimètres, autant dire rien. J'ai toujours eu l'impression d'avoir un torse d'homme, sans seins. Et ce médecin pose pour la première fois un diagnostic sur ce mal-être que je ressens. Cette malformation entre dans les rares cas de prise en charge par la Sécurité sociale...

La mauvaise nouvelle ? Sur les 5 800 euros environ, la Sécu couvre 2 000 euros, le reste, ce sont les honoraires du chirurgien. C'est déjà bien... mais pas suffisant, d'autant qu'à cette période je ne roule pas sur l'or. Je suis à mi-chemin de ma nouvelle vie. Une chose est sûre, je n'ai aucune envie que ma nouvelle poitrine soit financée par mon futur mari. Même pas envisageable un instant. C'est mon corps, mes seins, mon argent. Mais ce n'est pas avec mon petit salaire d'auxiliaire de puériculture en crèche à 80 % que je vais trouver les fonds pour financer l'opération. Ma seule option ? Demander un prêt à mes parents. Ni une ni deux, je me retrouve dans leur salon et leur fais part de mes besoins pour financer cette opération. Sauf que, pendant des années, avec mes doubles soutiens-gorge rembourrés, j'ai réussi à berner tout le monde. Aussi, mes parents, et en particulier ma mère, qui a elle-même une petite poitrine, ne comprennent pas d'où me vient cette lubie. Enfin, elle ne saisit pas jusqu'à ce que je soulève mon tee-shirt et lui montre ma poitrine en vrai sans tous les subterfuges... Je crois qu'elle est sous le choc, elle n'imaginait pas que l'on puisse ne pas avoir de seins à ce point-là. Limite, elle se demande comment j'ai bien pu allaiter Estebán. Elle n'en revient vraiment pas. Bref, mes parents, après quelques jours de réflexion, décident de financer mon opération. Il n'est plus question de prêt, mais de nouveau départ. Intérieurement, je jubile. C'est un magnifique cadeau qu'ils me font là. J'en suis consciente et je les remercie du fond du cœur tous les jours (ou presque !). Ils me disent que si je n'ai pas de seins, c'est la faute à leur génétique à eux, pas la mienne. Ce raisonnement très bienveillant à mon égard me va bien !

Une reconstruction physique et mentale

Grâce à cette réappropriation de ma poitrine, je reconstruis aussi ma féminité et mon entièreté. L'opération des seins est programmée en avril 2015. C'est six mois avant le mariage, un parfait timing. Je vais pouvoir porter la robe de mes rêves, blanche évidemment, avec de la dentelle sur tout le haut du corps, assez sobre, sans froufrous inutiles, mais avec une traîne géante... Personne ne se rendra compte que j'ai subi une opération esthétique. J'ai juste troqué mes soutiens-gorge à coques par de nouveaux soutifs adaptés à ma nouvelle poitrine. Je fais entièrement confiance au chirurgien pour choisir la bonne poitrine, la plus naturelle possible, par rapport à la largeur de mon dos et à ma morphologie. Je veux des seins mais pas des obus disproportionnés. Le pro penche en faveur d'un bonnet C pour un résultat plus vrai que nature. Ma seule exigence ? Avec mes faux-vrais seins, je veux pouvoir allaiter. C'est tout ce que je demande. C'est essentiel et non négociable. Si le chirurgien avait émis la moindre réserve quant à ma capacité physique de donner le sein à mes futurs enfants, j'aurais tout simplement retardé l'opération de plusieurs années… Mais mon chirurgien me rassure et me dit que l'allaitement sera tout à fait possible… à condition de laisser passer une année entre l'opération (durant laquelle il ne touche pas aux canaux lactiques) et l'allaitement. Le temps nécessaire pour que les prothèses trouvent leur place. Encore une fois, la vie me sourit en me proposant un parfait timing.

Après l'opération délivrance, je trouve enfin, au bout de deux à trois semaines de convalescence, un corps de femme que je n'ai jamais connu. Comme si je révélais une nouvelle facette de moi, plus féminine, plus maternelle, plus charnelle. Même si j'ai toujours eu un rapport sain avec mon corps, musclé et ferme. Grande sportive, pratiquant la gymnastique rythmique et la danse depuis mes 5 ans jusqu'à l'arrivée d'Estebán.

Il me faut un bébé !

Les mois passent, je m'approprie parfaitement mon nouveau corps et je recommence à monter au créneau, pour l'opération *baby* cette fois. Je profite notamment de l'été, des vacances, du mode cool et relax, pour aborder de nouveau le sujet de la deuxième grossesse. J'ai beau m'y prendre de toutes les manières, Vincent ne varie pas d'un iota. Il n'est pas prêt. Point. Fin de discussion. Ce manque de concordance dans notre couple et dans nos envies crée pas mal d'embrouilles et de disputes entre nous. Je suis revenue au même point que juste avant mon anniversaire des 23 ans. C'est simple : il me faut un bébé. Je n'ai pas d'autres mots pour exprimer cette force qui m'oblige à enfanter. C'est purement viscéral. C'est un besoin vital, comme celui de respirer. Et puis, en 2015, pour mes 24 ans, Vincent me fait le plus beau des cadeaux. Il me murmure à l'oreille : « Ça y est, je suis prêt. » Alléluia. Je suis si heureuse, il ne pouvait pas faire mieux pour mon anniversaire ! Nous convenons de commencer les essais bébé juste après le mariage. C'est parfait ! D'autant que nous ne partirons pas en lune de miel, car nos finances sont proches du niveau de la mer. Et cette perspective me fait déjà voyager dans ma tête… C'est tellement magique ! Du côté de ma reconstruction mammaire, c'est parfait aussi. Pile-poil, comme a dit le doc. Une année entre l'opération et l'allaitement, le temps que ma nouvelle poitrine trouve sa juste place.

Quelques semaines plus tard, juste avant mon enterrement de vie de jeune fille, ma sœur m'annonce qu'elle attend un bébé ! Je serai tata pour la première fois, Estebán aura un cousin ou une cousine et je m'imagine déjà partager une grossesse avec ma sœur, des bébés de presque le même âge, on parlera allaitement, crevasses et couches lavables, ça sera super !

Tout comme le mariage incroyable que Vincent, féru d'événementiel, a organisé. Deux cents convives, un décor sur mesure, des thématiques autour de l'automne qui nous ressemble tant, une paella géante en clin d'œil à ses origines. On a tellement aimé cette fête que nous nous étions juré de fêter nos cinq ans de mariage de la même façon. Mais les années Covid sont passées par là. Donc, promis juré, nous fêterons dignement tous ensemble nos noces d'étain en 2025, pour nos dix ans de mariage ! Enfin, croisons les doigts !

LA TERRIBLE ÉPREUVE DE LA FAUSSE COUCHE

Juste après le mariage, nous sommes en pleine mission deuxième bébé. Avec, pour première étape, le retrait du stérilet. Et, cette fois encore, je tombe enceinte tout de suite. Quelle chance ! Je suis ravie. Contrairement à la première grossesse, nous décidons de garder cette information pour nous, comme un petit secret. J'apprends ma grossesse quelques semaines après notre mariage, en novembre.

Un beau matin de décembre, au réveil, je retrouve quelques traces de sang dans ma culotte. J'essaye de ne pas trop m'inquiéter et d'être patiente autant que possible. Des pertes de sang, je sais que cela arrive fréquemment en début de grossesse. Pas de panique, d'autant plus que j'ai un rendez-vous prévu chez ma gynécologue le lendemain. À l'échographie, tout semble aller, le cœur du bébé bat bien, mais les saignements sont encore là. Ma gynéco me dit de me reposer et de revenir la semaine suivante. Finalement, quelques jours plus tard, le 17 décembre 2015, au réveil, je perds encore plus de sang. Vincent est déjà parti travailler... Je préviens l'assistante maternelle d'Estebán que je devrai le déposer plus tôt pour partir à l'hôpital. Cette fois, je sais que c'est fini. Je prends mon téléphone, bien incapable de parler, et j'écris un texto à ma mère et à ma sœur pour leur annoncer que je pense être en train de faire une fausse couche. Estebán dort encore et, moi, la gorge me brûle, mes yeux se remplissent de larmes. Je tombe dans un trou sans fin. Mon bébé est endormi dans la chambre d'à côté et celui qui est dans mon ventre a cessé de vivre.

Arrivée chez Nathalie, la nounou, je suis en pleurs, la *fanny* me console comme elle peut. Elle me comprend, elle aussi est passée par là. Je serre Estebán très fort dans mes bras, je lui explique avec mes mots que je suis triste mais que ça va aller.

Une journée cauchemar

Vincent me rejoint à la maternité et nous passons la journée dans la salle d'accouchement qui a vu naître notre premier bébé. Nous n'aurions jamais pensé retrouver cette pièce pour un événement aussi sombre. D'autant qu'aujourd'hui c'est l'anniversaire de Vincent, et pour ses 25 ans j'ai l'impression de lui offrir la mort de notre deuxième bébé. Vincent contient ses émotions autant que possible, mais il est aussi dévasté que moi.

Je perds de plus en plus de sang, je suis simplement sous surveillance, il n'y a rien à faire d'autre pour le moment. Je n'ai pas encore fait d'échographie de contrôle, mais l'intensité des saignements est sans appel, il n'y a aucune chance que cette grossesse continue. Quelques heures après mon arrivée, allongée sur le lit d'hôpital nue sous ma blouse, je sens une énorme masse quitter mon corps. J'appelle la sage-femme, qui recueille dans un haricot le placenta et le sac de grossesse qui viennent d'être expulsés naturellement. C'est un amas de sang où rien n'est identifiable. On me descend sur une chaise roulante jusqu'au service de gynécologie pour l'échographie de confirmation. J'ai éliminé totalement l'embryon et, par chance, il ne reste aucun résidu. Dans mon malheur, je m'épargne le curetage et l'aspiration.

Toute la journée, le téléphone sonne pour souhaiter un joyeux anniversaire à mon mari et, toute la journée, Vincent se voit expliquer en quoi celui-ci n'a rien de *happy*.

Ce bébé existait

Dans notre vie d'adultes et de parents, c'est un drame absolu. Un drame dont on ne parle pas assez dans la société. La perte de ce petit bébé après à peine deux mois de grossesse a été une réelle épreuve, pour moi, pour Vincent, pour notre couple.

À cette époque, je ne suis pas encore entourée de mamans comme c'est le cas maintenant. Je me retrouve donc seule avec mon terrible fardeau sur les épaules. J'ai tout le temps envie de pleurer, mais je n'ose pas en parler parce que j'ai la sensation que ça ne se fait pas. La réalité, c'est que je ressens le besoin de me confier, de partager mes émotions, de faire exister ce bébé. J'ai besoin de rendre réel ce que j'ai vécu. Ce bébé était bien là, dans mon cœur, je l'attendais, mais aussi dans mon corps, car j'ai vu et j'ai entendu ses battements cardiaques à l'échographie... C'est terriblement dur.

Ce premier bébé désiré et attendu par nous deux n'est plus. Je n'arrive pas à me faire à l'idée. Les jours qui suivent sont sombres, se déroulent dans un brouillard de larmes, à peine cachées par pudeur. Ce bébé n'aura existé que dans nos têtes. Je me demande si cela n'ajoute pas à la tristesse qui m'assaille. Je me fais la promesse que si je tombe à nouveau enceinte, je l'annoncerai dès le début, quelle que soit l'issue de cette grossesse.

Quand quelque chose se passe

Mais, à partir de ce jour, une nouvelle angoisse m'obsède : tomber enceinte avant la date présumée d'accouchement de ce bébé. J'apprends par la suite que cette fausse couche est liée au CMV (cytomégalovirus), chopé à la crèche, en présence de tout petits bébés qui en sont porteurs sains. Il m'est très difficile de m'en remettre. C'est mon boulot qui m'a pris mon bébé. Je trouve cela terriblement injuste et compliqué à gérer. Et je me sens de plus en plus seule avec mon chagrin. En désespoir de cause, je me tourne quelques jours plus tard vers un magnétiseur-chromatothérapeute, un ami très proche de mes parents en qui j'ai tout à fait confiance et avec qui je pourrai lâcher prise. Flux lumineux, couleur, points énergétiques... La séance est lourde en émotions. Mais il se passe quelque chose. Sans ce rendez-vous, je serais partie en dépression, c'est sûr.

J'arrive remplie de larmes, j'en ressors comme libérée d'un poids, rechargée et de nouveau habitée par une seule envie, il faut que je tombe enceinte, vite. Très vite même.

UNE GROSSESSE ET UN DIVORCE

Un cycle de menstruation passe et je suis de nouveau enceinte. Quelle chance de tomber enceinte aussi vite ! En même temps, dès le départ, cette grossesse est différente. Je suis beaucoup plus stressée. J'ai l'impression d'avoir une épée de Damoclès sur la tête. Je n'arrête pas de penser qu'à tout moment tout peut s'arrêter. Je n'ai pas ressenti tout ce doute et cette angoisse quand j'attendais Estebán. Je me sens plus fragile de l'intérieur. D'abord parce que j'ai beaucoup de peine pour mon bébé perdu. Et encore plus de ne pas pouvoir la partager avec les membres de ma famille. Je ne me sens pas soutenue du tout pendant cette épreuve. Ce bébé fantôme n'a existé que pour Vincent et moi. C'est très dur à vivre, et je pense que seuls les couples ayant traversé ce deuil particulier peuvent comprendre.

Nous attendons finalement de passer le cap décisif des huit semaines avant d'en parler autour de nous. Quand j'entame mon deuxième trimestre de grossesse, ma sœur, Angèle, accouche, elle, de son premier bébé, Elena, née le 30 juin 2016. Ma sœur va enchaîner les grossesses, puisqu'elle donnera naissance le 16 juin 2017, six mois après mon deuxième accouchement, à Tessa.

La claque !

Mais tout n'est pas rose layette chez nous. Alors que je suis en début de grossesse et que ma sœur, enceinte jusqu'aux dents, est prête à délivrer son premier bébé, nos parents d'à peine 50 ans divorcent ! La claque absolue.

Avec ma sœur, on ne s'y attendait pas du tout ! Cela fait vingt-huit ans qu'ils sont mariés. Une éternité. Et pour nous cela rime avec « pour toujours ». Mais la vie en a décidé autrement.

En mars 2016, mon père nous convoque à la maison. Franchement, je pensais qu'il allait nous annoncer une maladie. Un cancer. Un Parkinson. Ou pire encore, que sais-je. Les quelques heures qui nous séparent du rendez-vous sont particulièrement pénibles. D'autant qu'à deux mois de grossesse, c'est émotionnellement difficile avec les hormones. Je ris comme je pleure, comme dit la chanson de France Gall. Bref, il est 19 heures, nous voilà dans le pavillon familial, mon père, ma mère, ma sœur, nos mecs et moi.

Alors que d'autres prennent l'apéro tranquillement, mon père nous lance, sans appel : « Je vais partir. » Je suis tellement stressée que j'entends « Je vais mourir. » J'essaye de comprendre, je le questionne, complètement dans le brouillard : « Tu vas partir où ? » Et enfin il nous explique : « J'ai rencontré quelqu'un, je vais vivre avec elle. » Pour moi, c'est tout simplement impensable. Je le prends super mal. Je sais bien que les histoires de couple ne concernent que les intéressés, mais je ne peux pas m'empêcher de me sentir impliquée, touchée, anéantie par cette terrible nouvelle. D'ailleurs, c'est décidé, je ne la verrai jamais ! Je suis triste car derrière l'image du couple de mes parents se cache aussi celle des grands-parents de mes enfants. Je suis déchirée à l'idée qu'ils ne les verront jamais ensemble.

Ma sœur accouche d'Elena et elle accepte de recevoir la nouvelle compagne de mon père, Agnès. Pour moi, c'est trop douloureux, trop vif, il me faudra beaucoup plus de patience. Et, heureusement, le temps fera son œuvre. Ma mère garde notre maison d'enfance. Et, avec le recul, au bout de six ans quand même, je me rends compte que les deux séparés sont finalement bien plus heureux. Mais, à l'époque, j'étais très égocentrée. Je pense qu'avoir appris cette nouvelle enceinte m'a aussi fragilisée dans mon ressenti.

L'ALLAITEMENT LIBRE DE MA SŒUR, UNE INSPIRATION

Dès sa naissance par voie basse, la petite Elena est allaitée. Ses débuts au sein sont difficiles, ma nièce a deux gros freins de langue et seulement un a été sectionné à la naissance. Résultat : le petit bout perd beaucoup de poids. Avec ma sœur, nous avions parlé de son envie d'allaiter, mais sans vraiment approfondir le sujet. Quand arrive enfin le moment de l'allaitement maternel et que tout ne se passe pas aussi facilement que prévu, ma sœur prend conseil auprès d'Audrey. C'est une amie de ma mère qui allaite encore son bébé de 9 mois. Gloups. Neuf mois ? Mais comment est-ce possible ? Avec ma sœur, nous sommes sciées, ça nous semble tellement dingue d'allaiter aussi longtemps un bébé. Ha, ha, ha ! Depuis, j'ai battu des records. Mais à l'époque, avec ma sœur, nous écoutons religieusement ses conseils. Notamment comment positionner Bébé. Cela change tout dans sa prise du mamelon. Avant d'apprendre tout ça de la bouche d'une maman expérimentée, ma sœur tirait son lait et donnait quelques gouttes à la seringue à la petite Elena, une vraie galère !

C'est à ce moment-là que j'ai découvert que, quand il y a des problèmes, il y a des solutions, comme dans toutes les choses de la vie. J'ai alors commencé à me renseigner pour de vrai sur l'allaitement. Mon deuxième enfant allait voir le jour dans quelques mois, je voulais avoir le maximum de cartes en main, tout savoir ou presque sur la succion, l'allaitement à la demande, les alternatives si on rencontrait des difficultés…

L'envie d'allaiter plus légèrement

Contrairement à moi, ma sœur n'est absolument pas pudique. C'est simple, Bébé a faim, elle sort son sein. Elle ne va pas se planquer pour l'allaiter comme moi. Son attitude naturelle – comme sortir son sein à table, là comme ça – me fait prendre conscience que l'allaitement peut s'envisager de différentes manières. Ma sœur a choisi de le vivre librement. Et cette façon de ne pas se soucier du regard des autres me donne furieusement envie de faire pareil. Pourquoi aurais-je honte de nourrir naturellement mon bébé ? Finalement, je crois qu'elle a raison. Allaiter, ce n'est pas aller se cacher dans la chambre. Je n'ai pas à être gênée par mon corps et par la mise à disposition de ma poitrine pour nourrir mon bébé. Petit à petit, l'idée d'un allaitement plus léger, plus libre, fait son chemin dans ma tête. Je pressens que cette fois, avec mon deuxième bébé, je vais vivre cet allaitement de manière bien différente, comme si je m'y autorisais. Je sens aussi comme un poids qui s'enlève. Je ne sais pas comment expliquer cela. Avant je voulais bien faire ; maintenant je vais faire, et ce sera forcément bien.

Dans ma réflexion sur ce deuxième allaitement, je comprends aussi que je vais sans doute réparer quelque chose inconsciemment. Comme pour rattraper l'allaitement que j'ai dû écourter avec Estebán pour cause de reprise du travail avant la fin de mon congé maternité. Quand j'y repense ! C'est simple, cela me hérisse les poils. Bref.

Les ailes de la naturalité

Plus les mois de ma grossesse passent, plus je change aussi d'optique sur mon accouchement. Je pense que tout cela va de pair. L'allaitement libre et... l'accouchement naturel. Peu à peu, je dirige mon esprit vers l'idée d'un accouchement moins conventionnel. Je prends conscience que mon corps est tout à fait capable de mettre au monde un bébé et que je n'ai sans doute pas besoin d'aide extérieure, sauf complications, bien sûr. Je suis quelqu'un de raisonnablement buté. J'ai toujours dit : j'essaye sans péridurale, si je vois que je n'y arrive pas, j'en demande une (et je croise les doigts pour qu'il soit encore temps de faire l'injection). Donc là, précisément à ce moment de ma grossesse, je me sens pousser des ailes de naturalité. Aussi, en parallèle de l'accouchement libre, j'ai de plus en plus envie de nourrir mon bébé grâce à la fabuleuse magie de la nature et du corps humain. J'imagine dans le tréfonds de mon âme un allaitement plus serein... et plus long aussi. Pas forcément très long – je n'avais pas encore compris que ce n'était pas vraiment moi qui choisissais et que finalement j'allais allaiter bien plus longtemps que prévu –, mais en tout cas plus long. Trois mois peut-être. Ou alors six. Je ne me mets aucune pression. Raisonnablement têtue, je vous dis. Finalement, ce deuxième allaitement durera... deux ans et demi ! Une éternité par rapport à celui d'Estebán. En fait, voir celui de ma sœur m'a donné beaucoup de force et d'inspiration pour le mien. Car je n'avais qu'une idée en tête, je voulais que ça se passe aussi facilement que le sien ! *Easy baby*, j'adore l'idée !

Ça recommence ?

À trois mois de grossesse, alors que nous sommes en Vendée, en vacances avec les grands-parents de Vincent et Catherine, j'ai cependant une grosse frayeur. De nouveau des saignements au beau milieu de la journée. Autant vous dire que le film « Ça recommence » s'est enclenché dans ma tête. Heureusement, Catherine prend les choses en main, elle appelle la maternité la plus proche pour prévenir de mon arrivée. Moi, je suis pétrifiée, je pleure et je n'arrive plus à réfléchir.

La première maternité est à quarante-cinq minutes de route ; quarante-cinq minutes, c'est long quand on est en panique. Dans ma tête, je me prépare au pire, c'est la fin, j'ai de nouveau perdu ce bébé. Sur place, la gynécologue de garde me fait une échographie. Sur l'écran, c'est le brouillard total. Je demande : « Le cœur bat encore ? » Vincent me dit : « Regarde, ses pieds bougent ! » Je ne vois même pas que le bébé gigote. Pour moi, c'est sûr, il est mort. La gynécologue nous rassure, le col saigne, elle ne sait pas pourquoi, ça arrive. Elle me fournit un arrêt de travail et me déconseille de reprendre la route le lendemain comme prévu. Nous allons attendre une petite semaine avant de rentrer. Et, comme pour ma première grossesse, je suis ainsi arrêtée très tôt, à moins de quatre mois. Après cet incident, tout se passe bien.

MON ACCOUCHEMENT NATUREL

Nous sommes le 10 octobre. Ce matin-là, contrairement à nos habitudes, Vincent dépose seul Estebán à l'école. En effet, depuis septembre 2016, mon mari est agent immobilier indépendant afin de mieux gérer son temps et d'être plus présent pour la famille. Dans nos rituels, nous amenons et allons chercher ensemble Estebán, alors en petite section de maternelle.

Un coup pour rien

J'entame ainsi ma 36e semaine et je sens que quelque chose se passe. Ce n'est pas vraiment douloureux, mais ce n'est pas agréable non plus. Je me sens un peu nauséeuse, mon ventre se contracte sans douleur, mais la sensation me semble étrange et inconnue. Mon corps se prépare à faire quelque chose d'inhabituel au quotidien, mais dont il connaît le chemin. Au final, à 9 heures, nous sommes à la maternité pour un monitoring de contrôle. Les contractions sont bien là. Présentes et régulières, mais pas assez fortes. L'équipe médicale nous conseille d'aller marcher un peu afin de faciliter le travail. Nous errons pendant plusieurs heures juste à côté de la maternité, dans la forêt de Fontainebleau. La journée se passe ainsi, entre la marche, l'attente, les monitorings, les contractions qui s'intensifient, puis finalement qui se calment, ma tête tourne, je n'ai rien mangé depuis la veille et, d'un coup, je vomis. Aucun doute, ça y est, le travail commence ! Ah bah non, ça se recalme, c'est à n'y rien comprendre… C'est long, et qu'est-ce que j'ai mal aux fesses sur cette espèce de brancard ! À 21 heures, les contractions sont toujours les mêmes, et surtout le col ne bouge pas d'un millimètre. Après cette longue journée de patience, douze heures allongée sur ce lit inconfortable en salle de consultation, la maternité me renvoie chez moi car ce n'est pas le bon moment. Je ressens alors une grande frustration. D'avoir attendu pour rien, d'avoir anticipé l'arrivée de Bébé, de m'être préparée mentalement à l'accouchement et de me rendre compte que ce n'est finalement pas pour aujourd'hui. Je suis tellement frustrée par ce contretemps que je préviens Vincent, on n'y retournera que quand le bébé aura la tête dehors ! Petite plaisanterie, mais bon.

Je m'imagine continuer cette grossesse jusqu'à quarante-deux semaines après avoir cru si fort que je rencontrerais mon bébé ce jour-là. Je suis désespérée… Mais ça ne dure pas longtemps. Je sais que je ne me réinfligerai pas une journée (ou une nuit) pareille. Mon état d'esprit ? Frustrée mais pas inquiète. Je me sens prête à enfanter de manière naturelle, sans déclenchement, sans péridurale.

Je quitte donc la maternité, le ventre toujours saccadé de contractions, et déjà dans la voiture je sens que les mouvements si caractéristiques de l'accouchement sont en train de changer. Ha, ha, ha ! Je me dis que mon corps me fait quand même de drôles de blagues !

Vincent, qui n'a rien avalé de la journée, propose qu'on passe au drive du MacDo. Je ne me sens pas capable d'avaler le moindre truc, et encore moins un hamburger, je sens bien qu'il faut que je reste focus sur autre chose. Mon accouchement.

Je ne sais pas quand Bébé sera là, mais une chose est sûre, mon corps se prépare à enfanter.

Vincent appelle sa sœur pour lui demander de garder Estebán pour la nuit, car il pense que l'on devra y retourner. Moi, personnellement, j'attends de voir la tête du bébé, donc je n'y crois pas vraiment pour cette nuit. Je me range à l'avis de la maternité, à cette fausse alerte, d'autant que le col n'a vraiment pas bougé d'un micromillimètre. Donc je me suis fait des films, et maintenant on attend vraiment le bon moment. Finalement, je prends mon mal en patience et je laisse faire la nature.

Quand le côté animal prend le dessus

À la maison, nous sommes seuls tous les deux et je pars me coucher tout de suite, exténuée par cette longue journée de contractions. Il est 22 heures, celles-ci sont toujours là, un peu plus fortes que précédemment, je prends un Spasfon et je m'endors. À 1 heure du mat', un bruit bizarre me réveille. C'est mon souffle. Comme quand on ronfle et que l'on est surpris (et réveillé) par son propre bruit... Là, c'est pareil. Mon souffle m'indique que je subis, c'est le terme exact, mes contractions. Je ne les accompagne pas dans un souffle, je les subis par vagues. Mon corps se désagrège. C'est un peu ça, l'idée. Mais bon, dans une demi-somnolence, je me rendors tant bien que mal. À chaque épisode de contraction, Vincent me propose d'aller à la maternité, je refuse catégoriquement. Malgré son insistance, je veux encore attendre. Je me souviens de lui avoir dit des dizaines de fois dans la nuit « Non, on attend, on attend. »

À 3 heures du matin, je sens que je suis pleinement dans mon accouchement. Instinctivement, je me mets à quatre pattes sur le lit. C'est mon côté animal qui prend les commandes, j'ai clairement laissé mon cerveau humain sur ma table de chevet. Je vais accoucher, je me transforme en bête. Vincent ne me laisse plus le choix, maintenant on y va ! De temps en temps, j'ai des relents d'humanité. Je pense par exemple que je dois prendre une douche avant de partir... Dans ma tête, le temps se déconstruit. Je pense être au début du travail, j'oublie que ça fait des heures que des contractions labourent mon ventre. Je craque et je pense immédiatement : « Je vais avoir besoin d'une péridurale, je ne tiendrai pas, c'est vraiment trop violent. » Je tente de reprendre le contrôle de mon corps. Je respire, je me calme. C'est dans cet état que nous prenons la voiture, direction la maternité. Évidemment, je n'ai pas pu prendre de douche. Vincent pense d'ailleurs que je vais accoucher dans la voiture. Il a même installé un grand sac plastique pour protéger les sièges...

Et là, dilemme : aller vite au risque de me malmener pendant le trajet ou rouler très doucement pour me ménager mais prolonger d'autant le temps de transport. Je ne suis clairement pas en état de faire des choix. Vincent opte pour la première solution. Nous mettons douze minutes (au lieu de vingt) pour atteindre enfin la maternité. À chaque virage, j'ai l'impression que mon ventre se décroche littéralement. Je suis dans un tel état second que je me déconnecte de la réalité.

« Ma femme accouche »

Arrivée sur le parking de la maternité, par exemple, je demande à Vincent d'aller plus près, alors que nous sommes à quelques mètres de l'entrée et que nous ne pouvons pas aller plus avant. Je sors de la voiture avec une chaussure en moins et je m'écroule à quatre pattes sur le parking. Je vais accoucher. J'entends Vincent me dire : « Non, tu ne vas pas accoucher là. » Et mon homme me porte. Je dois peser une tonne. Nous sommes en pleine nuit, il sonne. J'ai l'impression que personne ne répond avant des heures. Quand enfin une sage-femme arrive, Vincent lance : « Ma femme accouche. » Je pense que c'est la phrase la plus banale qu'on puisse entendre ici. Sauf que là c'est vrai. Nous entrons au bout de quelques minutes, nous montons dans l'ascenseur. Le long couloir qui nous sépare du service de maternité me paraît faire plusieurs kilomètres. Nous voilà maintenant devant une nouvelle porte, c'est la nuit, il faut resonner à chaque étape et attendre que quelqu'un vienne nous ouvrir. Je me sens comme une joueuse de *Fort Boyard* qui doit résoudre les énigmes du père Fouras pour passer à l'étape suivante. Enfin, une sage-femme nous ouvre. Vincent lui reconfirme que je suis en train d'accoucher ; moi, j'imagine qu'à ma tête on se rend bien compte que je ne suis pas venue pour jouer aux billes. Elle me demande de la suivre pour faire un petit monito de contrôle. C'est une blague ? On n'a plus le temps ! Mais ça, elle ne le sait pas encore.

Docile, et surtout très pressée, je ne me déshabille pas, je jette mes vêtements. Mais où est donc passée ma légendaire pudeur ? Même Vincent ne me reconnaît pas. Je suis clairement en mode animal en train d'enfanter. J'ai un très vague souvenir de ces instants. Comme si j'étais shootée aux hormones de l'enfantement. C'est Vincent qui m'a raconté une partie de la suite que j'avais oubliée ou en tout cas pas retenue. La sage-femme a quitté la pièce un instant pour rassembler tout son matériel quand je dis (« quand je crie » serait plus exact) à Vincent d'aller la chercher parce que je sens que ça pousse tout seul. Elle accourt et vérifie le col, je suis à dilatation complète. Ouf, ça me rassure, cela signifie que je suis presque à la fin de l'accouchement. C'est un grand soulagement. Je suis super-fière de moi. Et donc pas du tout paniquée quand l'équipe médicale me dit qu'il est trop tard pour faire la péridurale. Dans ma tête, je m'étais préparée à devoir faire sans péridurale. C'est comme pour un athlète avant une épreuve sportive, je pense… La victoire se joue bien avant la course.

Avec le stop-monito, nous sommes en salle de consultation, et pas en salle d'accouchement. Je ne peux clairement pas m'asseoir sur un fauteuil roulant et le lit ne roule pas… Bref, il faut improviser. Ce n'est pas la première fois que je viens dans cette maternité, je commence à connaître son agencement. Ni une ni deux, entre deux contractions, nue comme un ver, je m'enroule dans un drap, et je cours dans la salle d'accouchement. En arrivant, je m'accroche aux barreaux du lit. Je sens que le bébé est là, pas de doute possible, il est en train de sortir. Je m'allonge. Je pousse deux fois. Et voilà. Je réalise un accouchement naturel, comme je l'avais prévu, sans aide médicale. Et là, c'est magique.

La magie opère

C'est la grande rencontre. Je pose mon bébé sur moi, je le laisse monter jusqu'à mon sein. Et Olivia, 2,8 kg, le prend tout naturellement. Nous sommes le 11 octobre 2016, il est 4 h 36, et je commence ma deuxième aventure d'allaitement d'une tout autre manière. Olivia tète puis s'endort. Je suis si détendue que Vincent immortalise cet instant magique. Je souris béatement, mon bébé tout neuf endormi et serein dans mes bras, enroulé dans les traditionnels draps d'hôpitaux brodés au nom de la ville. À ce moment-là, c'est certain, je suis tombée raide dingue amoureuse de mon bébé dès la première seconde. Est-ce le fait de connaître l'amour indescriptible qui m'attend, puisque je suis déjà maman ? Est-ce le fait d'avoir été maîtresse de mon accouchement du début à la fin ? Est-ce le fait que j'ai fait confiance à mon corps et à mon bébé ? Je n'ai pas la réponse. Mais une chose est sûre, je me souviens de m'être sentie puissante, libre et invincible, là, avec mon bébé tout juste né dans mes bras.

D'ailleurs, on prévient tout de suite la maternité. Un, on ne veut pas rester longtemps. Deux, on ne veut pas laver Bébé. Depuis la naissance d'Estebán, je me suis renseignée et j'ai appris que ce n'était pas terrible pour le bébé et surtout que ce lavage ne facilitait pas du tout la mise en place de l'allaitement. En effet, instinctivement, le petit bout se repère à l'odeur, la sienne, celle de sa mère et celle du liquide amniotique. Le laver pourrait l'empêcher de retrouver ses repères et nuire à son réflexe de ramper pour chercher le sein de sa mère. Évidemment, on nous sert le discours officiel. On me parle protocole et bla-bla-bla. Sauf que là, cette fois, moi, la maman, je sais parfaitement ce que je veux faire avec mon bébé. Avec Vincent, nous nous sentons puissants et légitimes. Nous suivons notre instinct. Cette fois, on ne me la fait pas. Je sais ce que je veux faire, je sais ce qui est bien pour notre bébé. Et ça sera comme ça et pas autrement. Avec Vincent, nous sommes désormais capables de nous opposer à n'importe qui... pour suivre ce qui nous semble juste pour Olivia.

Au petit matin, sereine et apaisée, après avoir envoyé une petite photo et un message rassurant à nos familles, je poste donc cette jolie photo de nous sur Instagram pour annoncer la naissance d'Olivia, ce petit boulet de canon. Et je pose mon téléphone pour profiter des premières heures avec ma fille et dormir un peu après cette nuit agitée. Et ma vie ne sera plus jamais comme avant.

NOUVEAU BÉBÉ, NOUVELLE VIE

Déjà, parce que j'ai un autre bébé. Mais aussi parce que dans la nuit mon compte Instagram a gagné 600 abonnés. Par chance, ma première photo d'allaitement sera parmi les toutes premières à ne plus être catégorisées « pornographiques » (oui, oui...). Instagram a changé sa politique et accepte enfin de libérer les seins des mamans qui allaitent...

@tziganette et #jpmbb

En effet, depuis 2012, je partage mon quotidien de maman et de jeune femme sur mon compte Insta sous le pseudo @tziganette. Pourquoi donc ? C'est une longue histoire un peu sans queue ni tête. En 2008, alors que jusque-là il manquait une grosse partie de l'arbre généalogique de mon papa, élevé par la Ddass, j'ai compris, lors d'un cours de biologie en classe, qu'on lui avait menti toute sa vie sur l'identité de celui qui était censé être son père. La prof est catégorique, deux personnes aux yeux bleus ne peuvent pas donner naissance à un enfant aux yeux marron, c'est tout bonnement impossible, une histoire d'allèles récessifs dans les gènes. Nous voilà donc à questionner sa mère biologique, avec laquelle il a renoué depuis peu, jusqu'à ce qu'elle crache le morceau : « OK, effectivement, ton père n'est pas ton père, c'est ton oncle... » Le mari de la sœur de son ex-mari à elle, vous suivez ? Et cet homme, que je n'aurai pas la chance de rencontrer puisqu'il est décédé quelques mois avant la grande découverte, était d'origine tzigane. Je suis donc une petite Tzigane, une Tziganette, quoi. Et en ouvrant mon compte en 2012, alors que le pseudo @amelie1754896543 me semble bien nul, j'opte pour Tziganette, qui deviendra finalement une identité à part entière puis une marque déposée.

Ce n'est à l'époque pas du tout ma profession, mais plutôt un passe-temps, et surtout un moyen d'échanger des trucs et astuces avec d'autres mères de famille ou futures mamans.

Sur ce compte ultra-confidentiel, qui ne rassemblait alors que 200 abonnés, je partageais mes choix et mes envies autour, notamment, d'un accouchement naturel, sans péridurale. Bien sûr, c'était un souhait, je ne me mettais aucune pression et, surtout, je me laissais la possibilité de demander la péridurale si j'étais dépassée par les événements. Raisonnablement têtue, je vous dis.

Pendant toute ma deuxième grossesse, j'étais aussi très présente sur un groupe d'échanges de mamans, l'appli Baby Center, qui regroupait les futures mamans selon leur mois de grossesse. On y parlait allègrement d'accouchement naturel ou médicalisé, d'allaitement au sein ou de la prise de biberon, de couches lavables ou pas, de portage en écharpe beaucoup aussi. Alors qu'Estebán avait une dizaine de mois, nous avons été contactés par la marque Je porte mon bébé, alors leader du portage en écharpe en France, qui était tombée sur nos photos sur Instagram grâce au #jpmbb, pour participer à la campagne de pub de son premier porte-bébé physiologique, le Physio-Carrier. Nous sommes donc devenus les égéries officielles de la marque et nos têtes, à Estebán et à moi, apparaissaient partout, dans les magasins, sur Internet, sur les boîtes des porte-bébés. Ça a été une expérience extraordinaire qui m'a fait grandir encore un peu plus en tant que maman, me poussant à suivre une formation et à devenir monitrice de portage en plus de mon métier d'auxiliaire de puériculture. Cela me faisait beaucoup de bien de partager, et je me sentais comme un poisson dans l'eau avec ces autres mamans qui en étaient au même terme que moi. D'autant plus que j'ai toujours eu une passion absolue pour les récits d'accouchement. Les histoires de couches et de mises au monde, c'est vraiment mon truc, j'adore ça ! Mais les discussions de ce genre deviennent vite ennuyeuses pour les personnes qui ne sont pas concernées ou impliquées. Par exemple, en parler avec ma sœur, c'était pas pareil. Certes, elle venait juste d'avoir un bébé, mais, franchement, elle n'était pas sur la même longueur d'onde que moi...

Sur mon compte Insta et sur l'appli, c'est comme si j'avais un groupe de copines qui vivaient la même chose que moi, qui se posaient le même genre de questions et surtout qui partageaient les mêmes envies. D'ailleurs, il y a une copine qui s'est un peu démarquée du lot, c'est Charlotte. Elle aussi, complètement inconnue des réseaux sociaux, s'était fait repérer par la marque de portage, on ne s'était jamais vues, mais on était sur des photos similaires, alors on a commencé à échanger, elle avait un fils de l'âge du mien, ça avait du sens ! Puis elle est tombée de nouveau enceinte, en même temps que moi, nos filles sont donc nées à trois jours d'intervalle. Après des années de messages sur Instagram, nous avons décidé de nous rencontrer *in real life*, comme on dit, et quel coup de cœur ! C'est ainsi qu'une « copine d'Insta » est devenue la marraine de ma petite dernière.

Le grand boom !

Donc, la nuit de l'accouchement, je poste ma photo pour ma micro-communauté. Et le matin... C'est complètement ouf, mon compte Instagram a explosé pendant la nuit. J'ai gagné environ 600 abonnés, et puis ça ne s'est pas arrêté, j'ai atteint 100 abonnées par jour sans discontinuer pendant des mois. C'est pour ça que je dis que la naissance d'Olivia a vraiment changé ma vie. À partir de ce jour-là, j'échange quotidiennement avec cette communauté de mamans, sur ma façon de vivre ma maternité, la parentalité, mon allaitement..., comme je me confierais à un journal intime en photos. Et je me rends compte que ces moments de partage me font autant de bien à moi qu'aux autres. Je me sens utile et à ma place quand je peux aider une maman en détresse ou en simple questionnement. Je prends beaucoup de plaisir à alimenter mon compte Instagram par une ou plusieurs photos et à déposer mes textes, mes états d'âme sur cette plate-forme (à cette époque, les stories n'existaient pas). Je m'amuse d'autant plus qu'Olivia est un bébé magnifique, parfaitement photogénique, un véritable poupon que j'adore photographier !

Ce deuxième bébé est une libération et un déploiement de notre parentalité. Nous nous sentons puissants et légitimes, à la maternité mais aussi à la maison. Nous installons ainsi directement Olivia dans la chambre parentale. D'abord, parce que Vincent et moi avons tous les deux très mal vécu les nuits séparés d'Estebán. Ensuite, parce que notre aîné, alors âgé de presque 3 ans, souffre de terreurs nocturnes. Il peut se réveiller et hurler dix fois dans la nuit. Pas la peine de faire subir cela à Olivia, qui n'a rien demandé !

Un allaitement plus serein

Et puis, avec Olivia, je décide de faire un tout autre allaitement. Un allaitement à la demande, de jour comme de nuit. Un allaitement beaucoup plus détendu. D'ailleurs, la mise au sein s'est faite beaucoup plus naturellement dès la maternité.

À sa naissance, admiratifs, nous l'avons regardée grimper d'elle-même jusqu'au sein, tel un petit animal qui ferait appel à sa nature primaire. Elle a attrapé mon sein de la meilleure des façons, ouvrant une grande bouche et nous montrant une succion impeccable. Immédiatement, nous avons compris que l'allaitement ne serait pas un problème pour elle, que c'était inné. Avec Vincent, nous nous sommes regardés, les yeux remplis d'amour, et on s'est dit d'une même voix : « La grande aventure commence, elle sait faire ! »

Vers 8 heures du matin, nous quittons la salle de naissance dans laquelle nous regardions notre bébé, complètement en admiration tous les deux depuis qu'il avait pointé le bout de son nez, pour arriver dans le service de suite de couches.

Le service est bondé, ma voisine de chambre, qui n'a pas encore accouché, ne supporte pas les pleurs de mon bébé.

Je préviens la famille et les amis, inutile de venir nous rendre visite à la maternité, nous n'allons pas rester longtemps dans cette ambiance peu propice à l'accueil serein d'un nouveau bébé dans notre vie.

La première journée de vie de mon bébé s'écoule tranquillement entre nous et les visites des professionnelles pour des examens en tout genre. Olivia reste scotchée à mon sein quasiment sans discontinuer, quelles que soient les personnes présentes dans la chambre. Cela me convient parfaitement, d'autant que je n'ai plus aucune gêne (merci l'opération !).

C'est là que le déclic se fait dans ma tête. Non, je ne suis pas en train de m'exhiber, je suis en train de nourrir mon bébé. Nuance. Et finalement je me rends compte que quand mon bébé tète, il ne reste plus grand-chose à voir de mon intimité puisque sa tête cache complètement mon sein. Madame Pudeur est rassurée ! Quel changement de perspective ! C'est un vrai soulagement. Franchement, si c'était à refaire, je me ferais opérer avant la naissance d'Estebán !

La nuit tombe et les angoisses du soir arrivent. Comme on dit en service de maternité, « c'est la nuit de la java ». En effet, Olivia se réveille en pleurant, et ne réussit pas à téter tranquillement. Ma super-voisine de chambre râle à chaque réveil et l'équipe de garde, qui visiblement n'y connaît rien du tout en allaitement, tente de m'obliger à donner un biberon en pleine nuit parce que Bébé ne pèse que 2,8 kg.

Droite dans mes bottes, nappée de la cape d'assurance Wonder Maman, je refuse aussi sec et j'explique que je ne donnerai aucun complément au biberon à mon bébé, que c'est bien trop risqué pour mon tout début d'allaitement. L'auxiliaire de puériculture n'insiste pas. Voyant que je ne céderais pas et que j'avais l'air bien mieux renseignée qu'elle sur la question, elle laisse un biberon tout prêt sur la table, au cas où je changerais d'avis, puis s'en va. Maman 1. Maternité 0.

Je prends conscience à ce moment-là que n'importe quelle maman, chamboulée par le flux des hormones, la fatigue liée à l'accouchement et les conditions déplorables de la maternité, aurait pu lâcher l'affaire dès la toute première nuit.

Finalement, Olivia se calme et recommence son marathon des tétées jusqu'au matin. Ma voisine de chambre est rassurée et moi aussi. Avec le roulement des équipes, une nouvelle professionnelle, plus aguerrie, arrive dans la chambre avec un complément de lait ainsi qu'un DAL. Acronyme de « dispositif d'aide à la lactation ». C'est un tuyau minuscule que l'on plonge dans un biberon de complément de lait artificiel ou de lait maternel et que l'on glisse à la commissure des lèvres de Bébé pendant qu'il prend le sein. Ça permet de supplémenter le bébé s'il a un faible poids, ou encore de le faire patienter si l'allaitement a un peu de mal à se mettre en route, le tout, sans mettre en péril l'allaitement au sein.

Interloquée, je demande pourquoi on ne m'a pas proposé cette alternative la nuit dernière plutôt que d'essayer de mettre presque de force un biberon dans la bouche de mon bébé... D'autant que j'ai bien spécifié tout de suite que je souhaitais l'allaiter exclusivement au sein.

La professionnelle m'explique alors que l'auxiliaire de nuit n'est pas formée à l'allaitement. En toute logique, elle ne sait donc pas utiliser un DAL. Je trouve cela aberrant. Manque de formation du staff de la maternité et ce sont les mamans qui trinquent.

Comment donner les compléments ?

La réponse de Catherine Boite, consultante en lactation IBCLC : « Concernant la façon de donner ces compléments, l'idéal est de le faire pendant que l'enfant tète le sein. On peut utiliser une seringue remplie du lait choisi sur laquelle on adapte une sonde très fine et le bébé tète le sein en ayant le bout de la sonde positionné juste à côté du mamelon sur environ 1 cm.

Le bébé peut alors développer une succion au sein de qualité et ne pas s'habituer à une succion type biberon qui ne fera que renforcer sa difficulté à reprendre le sein ensuite.

Bien sûr, cette technique, appelée aussi DAL (dispositif d'aide à la lactation), ne peut être utilisée que pour un bébé qui arrive à ventouser ses lèvres sur l'aréole du sein. »

Pour être écoutée, mieux vaut être blindée. Imposer ses choix dans un moment où l'on est fragile n'est pas simple. J'aurais aimé pouvoir dire : « Je souhaite allaiter, j'aimerais être accompagnée et soutenue dans mon choix et qu'on ne remette jamais cette décision en question. » Peut-être même que ce serait chouette de partir à la maternité avec une jolie petite pancarte encadrée « Bébé va être allaité » qui trônerait à côté du berceau, que personne ne pourrait louper, ni les professionnelles ni Tante Martine qui viendrait voir le bébé et en profiterait pour te glisser un « Mais t'es sûre que ton lait est assez nourrissant, il me paraît bien chétif, ton petit. » Ça couperait court à pas mal de discussions inutiles !

Comment faire si Bébé ne ventouse pas bien, pour lui donner les compléments ?

La réponse de Catherine Boite, consultante en lactation IBCLC : « Si Bébé n'y arrive pas, une méthode intéressante est de donner à la tasse. On peut utiliser le capuchon d'un biberon par exemple. Le bébé doit être semi-assis, le dos bien calé sur la jambe de celui qui donne la tasse ou sur un coussin, sa tête est en très légère extension vers l'arrière afin que la déglutition se fasse correctement et la tasse est posée sur la lèvre inférieure du bébé. Il faut pencher la tasse afin que le lait touche la gencive inférieure, ce qui va déclencher chez le bébé l'envie de laper. C'est à lui d'aller chercher le lait avec sa langue. On ne doit jamais verser le lait dans la bouche de l'enfant. Cette technique est intéressante pour la reprise du sein ensuite car l'enfant apprend à tirer sa langue à l'extérieur de sa bouche, ce qui est indispensable pour une bonne tétée au sein.

Il y a aussi la possibilité de faire téter un doigt tout en apportant le lait grâce au DAL positionné le long du doigt sur environ 1 cm, ou en mettant directement le petit embout de la seringue dans la bouche du bébé à côté du doigt du parent.

La position est toujours la même : Bébé semi-relevé, dos bien calé, trachée et œsophage bien dégagés, en ayant le regard légèrement vers le haut.

Il est important soit d'utiliser un doigt assez gros pour que le bébé ouvre bien la bouche, soit d'incliner son doigt de telle façon que le bébé soit obligé d'ouvrir sa mâchoire. La reprise de la tétée au sein est toujours plus difficile si le doigt a été positionné à l'horizontale car le bébé a pris l'habitude d'avoir une mâchoire peu ouverte, de ne pas tirer sa langue, voire de pincer le doigt.

Enfin, il est possible d'utiliser un biberon pour les enfants qui n'arrivent pas à ventouser le sein ni à lécher à la tasse ou qui ferment la bouche et pincent le doigt. Il faut toutefois essayer de choisir un biberon le plus physiologique possible, avec un bout de tétine court et une base très large et souple, ce qui va permettre à l'enfant d'avoir une succion très proche de la succion au sein.

Il faut aussi faire attention au débit de la tétine. Le bébé doit pouvoir boire son lait avec plus ou moins de facilité en fonction de son état de fatigue, mais attention au débit trop rapide, l'enfant peut mal gérer et faire une fausse route. Il peut aussi tout simplement s'habituer à la facilité avec un débit très rapide et de ce fait refuser de reprendre le sein ensuite. »

Victoire !

Olivia, tranquille, est quant à elle complètement repue après tout ce qu'elle a tété dans la nuit. Je sens déjà mes seins qui se remplissent et la montée de lait qui arrive. Je me sens vraiment victorieuse, j'ai la preuve que j'ai bien fait de nous écouter. D'ailleurs, Olivia boudera complètement ce complément de lait artificiel enrichi et n'en boira pas une goutte. Maman 2. Maternité 0.

Donner un biberon de lait en début d'allaitement, est-ce prendre le risque de ne plus pouvoir allaiter Bébé ?

La réponse de Catherine Boite, consultante en lactation IBCLC : « Pas obligatoirement. Tout d'abord, s'il faut donner un complément, il faut privilégier le colostrum ou le lait que l'on peut diluer avec une solution de réhydratation si nécessaire pendant vingt-quatre ou quarante-huit heures. S'il faut vraiment compléter avec une préparation pour nourrisson, il serait intéressant de le faire avec des laits contenant des protéines de vache totalement hydrolysées, ou avec une préparation pour nourrisson à base de riz. Cela éviterait de sensibiliser l'enfant à d'éventuelles allergies. »

Les relous de la maternité

Vincent nous rejoint pile-poil lorsque c'est notre tour d'aller à la pouponnière. Ah, la pouponnière ! L'endroit des pesées du matin. Le lieu du bain, sous l'œil attentif des auxiliaires de puériculture qui contrôlent les gestes des parents. Sécurité avant tout.

Encore une fois, le protocole, c'est le protocole. Mais imaginez la scène. Nous sommes donc, chacun notre tour, censés mettre notre bébé nu comme un ver sur la paillasse. Le savonner en dehors de l'eau. Pendant ce temps, Bébé hurle de froid, évidemment. Puis nous devons le plonger dans un petit bain juste quelques secondes. Le ressortir tout mouillé. Le rhabiller à la vitesse de l'éclair et retourner dans notre chambre.

Très peu pour nous. Cette démarche n'a absolument aucun sens à nos yeux. La pesée, c'est oui. Le bain, c'est non.

Nous la pesons et la rhabillons aussitôt sans passer par la case baignade. Nous expliquons que nous préférons retarder le premier bain. Que celui-ci sera donné à la maison, sous la surveillance de la sage-femme à domicile, qui nous rendra visite une fois que nous serons de retour chez nous. Pour ce qui est de notre capacité à baigner notre enfant, nous sortons tous les arguments : nous avons déjà un enfant à la maison, je suis auxiliaire de puériculture... C'est tendu. Au final, je lâche, toujours dans la cape de Wonder Maman : « De toute façon, vous ne pouvez m'obliger à rien. » Les relous de la maternité, c'est nous, et nous n'en avons strictement rien à foutre. Maman 3. Maternité 0.

Je récupère mon bébé, je l'installe en deux temps trois mouvements dans l'écharpe de portage, et je retourne dans ma chambre en attendant de savoir si nous allons pouvoir rentrer dare-dare à la maison. Manquerait plus qu'ils nous séquestrent ici avec ma voisine de chambre si sympa.

Cododo et open bar

Finalement, le 13 octobre, deux jours après la naissance d'Olivia, nous rentrons à la maison et commençons à prendre nos marques. Évidemment, Estebán, pour qui le chamboulement est grand, nous sort son plus beau caractère de cochon. Mais bon, en maman poule que je suis, je comprends sa détresse. Lui n'a rien demandé. Ni de partager ses parents. Ni d'avoir un nouveau bébé qui pleure dans sa maison... et qui accapare sa maman.

En effet, dès notre retour, je porte Olivia en écharpe, kit mains libres activé, toujours à portée de nichon pour une tétée à la demande. Et le soir, c'est *open bar* en allaitement allongé dans le lit. Un sein et puis l'autre. Une fois qu'Olivia a fini de téter, elle se rendort et moi aussi. Cette décision d'allaiter librement et simplement a changé ma vie !

Avec Vincent, nous en avons parlé très tôt pendant la grossesse. Pour ce bébé, nous ne ferons pas comme pour Estebán : il dormira en cododo. À cette époque, cette technique de couchage n'est pas très répandue mais l'idée de l'avoir tout près de nous nous rassure. Pour ce deuxième enfant, aucun superflu : nous n'achetons quasiment rien. D'ailleurs, elle n'a pas de lit ! En revanche, en bons parents que nous sommes, nous investissons très vite dans un lit *king size*, et 40 cm de plus de matelas, quand on dort à trois, ce n'est vraiment pas de trop !

Évidemment, on se renseigne sur le cododo, il n'est pas question de mettre notre nouveau-née en danger !

Olivia ne dort jamais du côté de son papa ni au milieu de nous deux, elle est de mon côté, où une petite barrière l'empêche de tomber.

Il est important de préciser que ce n'est pas une méthode recommandée par les professionnels de santé. Mais ce ne sont pas eux non plus qui se retrouvent à gérer un bébé *serial* téteur se réveillant jusqu'à vingt fois dans la nuit. Aujourd'hui, avec le recul, je peux dire que le cododo m'a sauvée, je serais morte de fatigue après cette première année de vie de mon bébé aux besoins très intenses.

Là, avec ce mode simplifié d'allaitement, je me couche, mon bébé tout à côté de moi, je ne regarde pas l'heure, elle tète, s'endort, se réveille, moi à moitié, elle prend assez tôt le sein toute seule, je ne compte pas les réveils ni les heures de tétées, mode survie activé, et la nuit se passe.

Que faut-il savoir pour allaiter en dormant ?

La réponse de Catherine Boite, consultante en lactation IBCLC : « À condition qu'il n'y ait aucun environnement de tabac dans la famille et que la maman ne prenne aucun médicament pouvant entraîner un état de sommeil profond, il est possible d'allaiter dans son lit sous certaines conditions.

L'enfant ne doit ni pouvoir tomber, ni pouvoir s'étouffer, ni avoir trop chaud, surtout au niveau de sa tête.

L'idéal est d'avoir un lit en cododo. La maman s'approche du bord de son lit pour donner le sein mais le bébé reste sur son propre matelas dans son lit cododo. Si ce n'est pas possible, une barrière de lit doit être installée côté maman afin d'éviter tout risque de chute.

Le bébé ne doit jamais dormir entre les deux parents (risque d'étouffement accru et beaucoup trop de chaleur).

Le bébé doit être installé plutôt vers la tête du lit afin qu'il n'y ait aucun risque que la couette de Maman ne remonte sur le bébé. La maman ne doit pas avoir d'oreiller pour éviter chaleur et étouffement. Le bébé est donc couché côté maman, uniquement sur le matelas, sans oreiller, sans couette et sans aucun risque de chute.

Si le papa a un sommeil léger, l'idéal est qu'il recouche le bébé dès que celui-ci s'endort. Cela permet à la maman de dormir pendant la tétée et de profiter au maximum de l'action de ses hormones. Elle va ainsi bénéficier d'un sommeil récupérateur qui va énormément diminuer sa fatigue. »

Je reconnais que certains matins j'ai la sensation qu'un camion m'a roulé dessus. Mais, justement, je me dis dans ces cas-là : « Imagine à quel point tu serais éclatée si tu avais dû te lever, aller dans sa chambre, réveiller ton corps et ton cerveau pleinement, prendre ton enfant dans tes bras pour la sortir de son lit, l'allaiter, la reposer, mince, elle s'est réveillée, la bercer, recommencer, la poser de nouveau, aller te recoucher maintenant après être restée debout vingt minutes, réussir à te rendormir, et paf, quarante minutes plus tard, re-réveil ! » J'ai une crise d'angoisse rien que d'y penser.

Dormir avec son bébé est une norme dans beaucoup de pays, et c'est une expérience que j'ai adorée. Certainement que cela ne convient pas à tout le monde, mais, pour moi, l'allaitement n'aurait pas été possible sans que j'aie mon bébé collé à moi, de jour comme de nuit.

Le petit *tip* que je retiens, c'est de ne surtout pas avoir de réveil dans la chambre. Regarder les heures qui défilent au rythme des nombreuses tétées de nuit, ça mine le moral et ce n'est en rien productif.

LES DÉBUTS EN TANT QU'INSTA'MUM

Les jours filent à une vitesse folle et je photographie mon bébé pour graver à tout jamais ces moments. Je m'éclate avec Olivia, un beau bébé très tonique qui s'éveille vite, fait des risettes tout le temps et même quand maman la prend en photos. D'ailleurs, j'ai trouvé une nouvelle ère de jeu : Instagram. Je partage mon quotidien de maman avec ma communauté, j'adore d'autant plus échanger maintenant que mon nouveau bébé est là, né en mode express, c'est la suite logique. Les thèmes sont assez récurrents : on parle allaitement ! Évidemment ! En même temps, cette activité me prend au bas mot de quatre à six heures par jour. Et c'est aussi un temps où, là, posée sur mon canapé, je n'ai pas vraiment autre chose à faire que de me connecter à mon petit réseau et partager mes petites bribes de vie avec cette communauté bienveillante, qui souvent se retrouve pleinement dans mes mots et dans ma vie.

Est-il normal d'avoir envie de dormir en allaitant ?

La réponse de Catherine Boite, consultante en lactation IBCLC : « Il est tout à fait physiologique pour une maman de s'endormir pendant la tétée. Elle va sécréter de la prolactine qui va l'aider à tomber immédiatement dans un sommeil récupérateur ainsi que de l'ocytocine qui va lui faire sécréter des endorphines qui vont lui donner envie de s'endormir. »

Entre nous, on se rassure et on se conforte mutuellement dans nos choix d'éducation. Et ça fait un bien fou ! Surtout quand on sait que la plupart de nos agissements sont critiqués par nos proches et nos familles. Porter notre bébé en écharpe, allaiter à la demande sans regarder les heures, dormir avec notre bébé dans notre lit... Clairement, ce ne sont pas les habitudes qu'ont connues nos anciennes, encore moins dans un pays comme la France. Alors, trouver un peu de soutien ailleurs, c'est comme un bol d'air frais dans la tempête de la maternité et du post-partum.

Un quotidien compliqué

Sauf que... sans m'en rendre compte, je me consacre à 100 % à Olivia, ses besoins, son allaitement, ses couches, ses nuits... Je suis dans une bulle avec elle, j'ai l'impression que je dois lui donner de l'oxygène sans cesse, que, sans moi, elle ne peut pas vivre. Et je me coupe de moi-même, de Vincent, d'Estebán. Il n'y a qu'elle qui compte. Je n'écoute plus mes propres besoins. Je donne toute ma vie pour ce bébé. Olivia se réveille toutes les nuits, toutes les heures, mais ce n'est pas grave, l'allaitement marche et cela me ravit. Pour elle, je suis capable de me retenir de faire pipi pendant des heures, de sauter l'heure des repas pour lui donner à téter, de ne pas me laver si elle a besoin que je la porte… Ce que je fais huit heures par jour au moins, puisque c'est un bébé kangourou, toujours sur moi, mes seins à disposition. C'est simple, je vis pour ce bébé. Résultat : je maigris à vue d'œil. Je pèse 47 kg (alors que mon poids de forme est de 54 kg).

Avec Olivia, nous ne faisons qu'une, nous sommes connectées en Bluetooth. Je peux savoir quand elle a faim ou qu'elle est fatiguée juste avec les signaux que m'envoie mon propre corps, c'est la magie de l'allaitement. Être sa maman, sa source et son tout est une expérience de vie incroyable. L'allaitement a cette faculté de créer une symbiose entre Bébé et Maman. Je me sens vivante et nous sommes fusionnelles depuis sa naissance. Une relation particulière s'est tissée.

Avec Estebán, le quotidien est de plus en plus compliqué. Olivia prend beaucoup de place et son frère a besoin d'énormément d'attention, beaucoup plus que les enfants du même âge. Être le centre de l'attention de ses parents, ça lui convenait tout à fait ! De caractère, il est à la fois très impatient (c'est maintenant, tout de suite) et peu autonome. Il accepte sa sœur (bien obligé), mais ça le saoule d'en avoir une tout le temps. Il nous le dit et nous fait comprendre qu'elle n'est pas la bienvenue en essayant de lui faire mal assez régulièrement. Nos proches se mobilisent pour passer des moments rien qu'avec lui afin qu'il ne se sente pas délaissé. Un coup c'est Tata Nono qui l'emmène en vadrouille ; un coup c'est Papy Thierry qui prend le relais pour un week-end au zoo. Estebán a fait sa rentrée à l'école en septembre, un mois avant la naissance de sa sœur, et nous avons fait le choix de respecter ses habitudes et son rythme de vie. École le matin, avec nous l'après-midi afin qu'il ne se sente pas à l'écart. C'est du boulot. Mais c'est notre choix.

À la recherche d'une nounou...

Olivia a alors 4 mois quand je commence à chercher un mode de garde. En ayant accouché quelques semaines en avance et en cumulant mes congés, la reprise du boulot se fera quand Olivia en aura 5. Je suis heureuse, on aura vraiment eu le temps de profiter des premiers mois et je reprendrai le travail sereine, deux jours par semaine, le lundi et le mardi.

D'autant que, avec le déménagement, la super-nounou d'Estebán est désormais trop loin... Je cherche une autre nounou disponible pour deux jours. C'est un peu galère, surtout que nous sommes des parents ultra-engagés : bébé en écharpe de portage en journée pour qu'il s'endorme, dans le lit parental la nuit, choix des couches lavables, allaitement non écourté avec tire-lait en mon absence... Côté nounous candidates, autant dire qu'il n'y a pas foule. La première est éliminée pour cause de clapier de lapin puant en plein milieu du salon et lapin en semi-liberté dans l'espace de vie des enfants, jonché de paille. J'aime la nature, mais il y a des limites. La deuxième, plus maman que nounou, me parle d'un médicament pour calmer sa fille, enfermée dans un parc, et la faire dormir. Je sens qu'Olivia ne sera pas dans son élément du tout, voire qu'elle pourrait être en danger tant sa demande d'attention ne correspond pas à la disponibilité d'esprit de la maman-nounou. Au secours, je prends mes jambes à mon cou, mon bébé en écharpe, le jour de la signature du contrat.

… ou d'une crèche !

Bref, je suis donc sans mode de garde. Je recontacte donc la crèche à côté de chez nous qui m'avait initialement refusée. Je parle à la directrice du comportement plus que douteux de la nounou et, face à mon anxiété et à ma détermination, elle est d'accord pour prendre Olivia un jour par semaine. C'est une demi-solution, mais on accepte. Je suis rassurée, je ne connais pas encore cette crèche, mais j'ai la sensation qu'Olivia sera plus en sécurité dans ce milieu que chez une nounou à l'arrache. Lors de l'inscription, la directrice de la crèche met tout de suite le holà quand je lui parle de tirer mon lait pour nourrir mon bébé à la crèche. Elle refuse en invoquant d'éventuels problèmes de traçabilité et d'hygiène. Je sais très bien que légalement elle ne peut pas refuser. Mais je préfère choisir mes combats et conserver mon énergie : je ne souhaite pas être cataloguée comme la maman reloue qui veut tout faire différemment des autres. Je sais qu'en crèche les réputations de parents chiants vont bon train, alors je me fais très vite une raison : si mon bébé de 5 mois est nourri une journée par semaine au lait artificiel, ce n'est pas la fin du monde.

Je visite la crèche et je me sens en sécurité ; d'ailleurs, le premier jour de l'adaptation, l'auxiliaire de puériculture qui s'occupera d'Olivia passe tout l'entretien avec un bébé qui s'endort dans ses bras, elle m'explique que ça fait partie de ses habitudes et ça me rassure complètement. Pour le deuxième jour de garde d'Olivia, on va jongler entre Vincent et les autres membres de la famille.

Olivia a donc 5 mois, et je reprends le travail à la crèche (pas la même que celle d'Olivia), le cœur plus léger que pour Estebán. J'adore m'occuper des bébés… mais ma tête m'appelle de plus en plus ailleurs. Quand j'arrête mon congé maternité, je suis à 10 000 abonnés sur mon compte Insta. Ça commence à devenir sérieux.

Nouveau succès

Il y a quelques mois, deux jours avant Noël, j'ai cousu une jolie robe d'allaitement pour ma sœur, qui allaite toujours Elena, alors âgée de 7 mois, et comme j'étais super-fière du résultat, je l'ai postée en photo sur Instagram. Je n'imaginais pas l'enthousiasme que cela allait générer dans ma communauté !

À cette époque, je ne trouve pas de fringues d'allaitement stylées et surtout accessibles niveau prix. Car payer un pull 250 euros alors qu'il sera maculé de vomito de lait, merci, mais non merci. Aussi, après la première robe pour ma sœur, je commence à me créer mes propres fringues. J'ai appris à coudre avec ma mère et en regardant des vidéos YouTube. J'invente donc de vraies tenues d'allaitement comme je les aime : féminines, pratiques et plutôt jolies. Je suis super-contente du résultat, même si, au départ, les finitions sont encore à revoir. Je poste de nouvelles photos sur Insta, en mode « c'est moi qui l'ai fait », et là… les demandes affluent. Les jeunes mamans me demandent de coudre pour elles aussi. Je balaie d'un revers de main cette possibilité. Je ne suis pas couturière, je ne me sens pas du tout légitime ni les épaules pour me lancer dans une telle aventure. J'ai un bébé de 2 mois et demi, je trouve parfois un peu de temps pour coudre un truc ou deux pour mes enfants ou moi, mais de là à me lancer dans la couture pour les autres mamans qui allaitent, ah non !

Ce n'est pas du tout l'avis de Vincent ! Lui qui a quitté son boulot d'ingénieur bien stable pour commencer la vie d'entrepreneur à son compte ne comprend pas ce qui me fait peur.

J'explique qu'accepter des commandes, c'est risquer de prendre du retard si mon organisation est bancale. Alors, il trouve des solutions. Je n'ai qu'à coudre à l'avance, en prenant autant de temps que nécessaire, puis à mettre les pièces en vente une fois qu'elles sont faites. C'est pas bête… Alors, j'achète un tissu qui me plaît, je couds une robe spéciale allaitement pour moi, puis trois autres pour des inconnues, un peu de toutes les tailles. Si ça se trouve, ça ne se vendra même pas... Et puis c'est quoi, le juste prix ? Moi, j'en sais rien. Je suis pas du milieu. Et j'ai une fâcheuse tendance à dévaloriser mon travail, un coup parce que je ne me sens pas légitime en tant que non-professionnelle du textile, un coup parce que je souhaite m'aligner sur les prix de la *fast fashion* (rien que ça !), ce qui n'est évidemment pas possible.

Allez, je lance la première vente de ces trois robes. Tout part en moins d'une minute. Je trouve ça incroyable ! Faut dire que je ne vends pas cher, même bien en dessous du prix de vente que je devrais mettre. Syndrome de l'imposteur oblige, je ne prends en compte que la matière première sélectionnée par mes soins, mais pas du tout mes heures de travail et encore moins les contraintes que ce passe-temps-hobby-boulot complémentaire occasionne. Je peux mettre en vente une robe pour maman allaitante à 25 euros alors que j'ai passé des heures dessus... Les demandes continuent de tomber et, comme si ma vie de jeune maman de deux enfants n'était pas assez chargée, je commence à coudre dès que j'ai une minute de liberté, dès que mon bébé dort, bien souvent avec mon bébé qui dort dans un porte-bébé sur mon dos.

Une chose est sûre, dès les premières fois, le succès est au rendez-vous. Pas moins de 50 demandes pour un modèle. J'étais bien loin d'imaginer ça. Je vends au goutte-à-goutte, mais je vends tous mes modèles.

Retour au boulot

Et bientôt, en plus cet emploi de Wonder Maman, je reprends mon vrai travail... Travailler à la crèche, coudre à mon compte, m'occuper des enfants en binôme avec Vincent, essayer de dormir tant bien que mal la nuit et recommencer, voilà ma nouvelle vie. Je couds toute la journée, du matin au soir, devant une série, après le repas, au réveil. Vincent a l'impression de vivre dans un atelier en Chine avec le bruit incessant de la machine.

Alors, c'est vrai, quand je suis au boulot, ma tête est un peu ailleurs. J'essaye de ne pas casser le lien qui me fait tant de bien avec ma communauté. Je pense à l'heure à laquelle je vais retrouver mes enfants. Je pense au moment où je vais retrouver mes machines à coudre pour créer de nouvelles robes ultra-pratiques pour allaiter, réinventer encore et toujours la mode pour les jeunes mamans… Je pense de moins en moins à faire mon boulot pour les raisons qui m'animaient au début.

Et comme la vie est toujours bien faite, très vite, la crèche d'Olivia me propose un deuxième jour de garde suite au départ d'un bébé dans sa section, puis, un peu plus tard, un troisième jour de garde. Là, c'est l'assurance d'avoir une journée complète dédiée à ma deuxième activité, celle de faciliter le quotidien des mamans allaitantes… qui est en passe de devenir mon activité principale.

Dire qu'il y a à peine quelques mois j'imaginais une petite vie bien tracée et tranquille autour des bébés, avec ma maison, ma famille. Directrice de crèche grand maximum. Je n'étais pas du tout entrepreneuse dans l'âme et encore moins créatrice de mode spéciale mamans.

Les mois passent, l'allaitement continue

Les mois passent, l'organisation perdure et s'améliore. Je tiens surtout à conserver mon mode de fabrication, qui correspond pleinement à mes valeurs : rechercher de nouveaux tissus, toujours upcyclés, quelques mètres par ici, quelques mètres par là. Et ensuite laisser libre cours à mon imagination. Je m'éclate avec mes pièces uniques, de nouveaux modèles, de nouveaux patrons. Toutes les semaines, je lance de nouvelles créations et, secret du succès, comme il y en a peu, elles partent vite. Je me rends bien compte que ma communauté non seulement me suit dans cette nouvelle activité, mais qu'elle est clairement au taquet ! Il y a tellement peu de pièces que le risque est grand de voir échapper le modèle qui plaît tant. Ce n'est pas du tout un plan marketing, c'est ma vie et mes possibilités. Et, entre les modèles sympas, leur nombre limité, les prix au ras des pâquerettes..., ça crée une sorte de *fame* qui déferle bien malgré moi !

Je m'organise de mieux en mieux, en taylorisant les tâches : je coupe dix pièces d'un coup, et ensuite je les assemble l'une après l'autre sur deux jours. Le tout en m'occupant de mes enfants. Je réquisitionne aussi mon frère de temps en temps, je lui apprends à couper des modèles simples, des tailles standard, toujours les mêmes pièces. Et moi, je couds, je couds, je couds. C'est simple, je couds comme je respire quand je n'allaite pas.

Les mois passent ainsi au son de la machine à coudre et d'Olivia au sein. L'allaitement se poursuit, ce n'est même pas un sujet. J'ai commencé en me disant que trois mois, ça serait super, puis finalement six mois, pour finalement rallonger en me disant : « Allez, j'allaite un an, après c'est trop bizarre quand les bébés commencent à marcher... » Puis, pour son premier anniversaire, on a pris une décision : terminé les *deadlines* ! On verra bien jusqu'où l'aventure nous mènera. En vrai, je ne sais pas faire autrement que d'allaiter un bébé et de satisfaire ainsi son besoin de succion.

Divergence de points de vue

Olivia a un peu plus de 1 an quand mes envies de nourrisson me reprennent. J'en parle à Vincent... qui non seulement n'est pas prêt, mais m'avoue quelque chose de terrible à entendre : « Mentalement, je n'y arriverai pas. » Je comprends ce qu'il veut dire. Notre fils, Estebán, nous prend énormément d'énergie, Olivia est accrochée à moi de jour comme de nuit. Clairement, on ne dort pas assez, on n'a plus d'intimité, ni dans la maison ni en dehors, notre vie de couple est entre parenthèses depuis de longs mois, c'est un choix, mais on touche tout juste du doigt un équilibre à quatre. Ajouter à notre quotidien un nouveau bébé, c'est prendre le risque de rompre ce fragile équilibre. Sans oublier que notre situation financière est tendue. Vincent enchaîne des salaires très variables, avec des très hauts et des très bas, et, moi, je plafonne à 600 euros avec mon mi-temps à la crèche. Je comprends ce qu'il veut dire… mais je ne l'entends pas de cette oreille.

Je sais et je sens viscéralement que je veux faire un autre bébé.

Et je prends ce non comme une trahison. Vincent m'annonce qu'il n'a plus envie d'avoir trois enfants, deux, c'est suffisant. J'ai alors le sentiment qu'il rompt un pacte établi ! C'est tellement injuste.

On avait dit trois enfants et, moi, je n'ai pas dit au revoir à la maternité, je n'ai pas vécu ma deuxième grossesse comme une dernière grossesse, je n'ai pas accouché comme si c'était la dernière fois de ma vie. Je ne peux pas me résigner, c'est viscéral, il me faut un troisième et dernier enfant, coûte que coûte. C'est le moment pour moi, peu importe si la situation financière n'est pas encore rose layette.

Ce troisième enfant est un sujet de discussions et de disputes entre nous pendant longtemps. Vincent me répète qu'il n'est pas capable mentalement de supporter un autre maternage serré. Il n'a plus d'espace mental libre pour imaginer recommencer l'accouchement en mode animal, les couches lavables, l'allaitement H-24. Et surtout moi dans ma bulle avec le bébé, sans plus rien autour qui compte. Il sait que c'est ce qui nous attend une troisième fois. Il est déjà passé par là, et il pense ne pas avoir la force de résister à tout cela de nouveau. Il me le dit, il me le répète, il essaye de me faire comprendre sa position. Mais, moi, je ne peux pas l'entendre, quand il s'agit de donner la vie, je ne suis pas rationnelle pour 1 centime d'euro. Je ne veux pas, je ne peux pas comprendre ses craintes, ses peurs, ses non-envies.

Enfin, je suis là avec mon rêve de grossesse, mais encore faudrait-il que j'aie mon retour de couches. Olivia a 13 mois et c'est autant de mois sans que je voie l'ombre d'un cycle menstruel normal. Non pas que mes règles me manquent, mais, en leur absence, l'idée d'une grossesse s'éloigne quand même un peu. Après la naissance d'Olivia, nous avons décidé de n'utiliser que des préservatifs comme moyen de contraception. Par choix. En effet, je ne voulais plus imposer d'hormones à mon corps. Ni à mon bébé par le biais de l'allaitement. Je souhaitais aussi me reconnecter avec moi-même par ce geste. Depuis que j'ai fait retirer mon stérilet, juste après le mariage, je me sens mieux émotionnellement. Peut-être que le dieu des bébés va entendre ma requête ?

Comment compléter la méthode de contraception naturelle ?

La réponse de Catherine Boite, consultante en lactation IBCLC : « La méthode de contraception dite "naturelle" reste la méthode de la Mama (la méthode de l'allaitement maternel et de l'aménorrhée). Bien sûr, on peut utiliser des préservatifs, associés à des gels spermicides pour une plus grande efficacité. »

Mama, DME et allaitement

Parce que la méthode Mama est loin d'être sûre à 100 %. J'ai peut-être mes chances ! La méthode Mama, pour la faire courte, c'est un moyen de contraception presque aussi fiable que la pilule pour les femmes respectant des critères stricts :

ne pas avoir de retour de couches, allaiter son bébé toutes les trois heures, de jour comme de nuit, et avoir un bébé de moins de 6 mois. En cas de loupé, même d'une seule tétée décalée, la méthode n'est plus sûre du tout.

Les semaines passent et j'essaye de ne plus ramener le sujet sur la table, mais cette envie de bébé me ronge de plus en plus. Vincent, toujours à l'écoute, se rend compte que je vais mal. Il fait un pas de côté... mais sa réflexion m'est très difficile à entendre. Après une énième dispute sur le sujet, Vincent lâche un pavé dans la mare : « Je préfère te voir heureuse avec un bébé plutôt que tu me quittes de tristesse de n'avoir pu en avoir un de plus. On va le faire, ce bébé, mais je ne te garantis pas de pouvoir rester. » Vincent a peur de ne pas être un bon mari ni un bon père, il est fatigué. Il me met donc le marché en main. C'est risqué. Mais ce risque, je le prends car il me le faut, ce bébé. Coûte que coûte, j'ai dit. Et je suis terriblement têtue quand il s'agit d'enfanter.

Sauf que... une fois que Vincent a lâché son terrible « oui mais », j'allaite toujours, de nuit comme de jour. Olivia a maintenant 16 mois.

À 16 mois, Olivia n'est plus un nourrisson, elle mange comme nous depuis qu'elle a 6 mois, nous avons fait le choix, comme pour Estebán, d'opter pour la DME (diversification menée par l'enfant). Encore un truc bizarre de parents d'aujourd'hui, me direz-vous. Autrement dit, nous ne préparons pas de purée spéciale bébé, nous cuisinons pour toute la famille et Olivia mange, avec les doigts, de gros morceaux qu'elle écrase avec ses mâchoires. Les avantages sont nombreux. Bébé est autonome dans sa façon de se nourrir et respecte ainsi lui-même sa satiété. Il découvre les saveurs une à une sans goûter le « tout mélangé » en purée. Il participe à la vie de famille en mangeant la même chose que tout le monde, en même temps que les autres. Et pour les parents c'est l'assurance de manger chaud puisqu'ils n'ont pas besoin de donner la becquée à leur tout-petit.

En revanche, qui dit autonomie du jeune enfant dit carnage absolu dans l'espace repas à tous les coups ! Mieux vaut ne pas être psychorigide sur les taches et le ménage, ou alors avoir un chien qui passe derrière ! Ou plutôt sous la table.

La méthode Mama, c'est quoi exactement ?

La réponse de Catherine Boite, consultante en lactation IBCLC : « C'est une méthode de contraception très efficace (98 %), mais les conditions sont rigoureuses et peu applicables dans notre société. La sécrétion de prolactine qui a lieu à chaque tétée va bloquer la possibilité d'ovulation sous certaines conditions :

- uniquement durant les six premiers mois après la naissance ;
- sous condition qu'il n'y ait pas eu de retour de couches dans ce délai des six mois ;
- tout espace important entre deux tétées peut déclencher une ovulation. Il faut donc un allaitement à la demande avec des tétées fréquentes, maximum trois à quatre heures entre les tétées de jour comme de nuit.

Une seule période de six heures sans tétée durant la nuit peut être acceptable pour cette méthode, mais la possibilité d'une ovulation est dans ce cas plus grande. »

Du côté allaitement, malgré les mois qui se suivent, Olivia a une fâcheuse tendance à me voir comme un frigo ambulant. Elle peut interrompre n'importe quelle activité pour une petite tétée câline si elle m'aperçoit dans son champ de vision. Les jours de garde, elle attend le soir et la nuit pour se rattraper allègrement. Les jours de non-garde, elle tète régulièrement sans rythme préétabli, je ne cherche pas spécialement à réguler ses ardeurs à cette période. Il y a certains jours où j'ai l'impression qu'elle tète mon âme, qu'elle est en plein pic de croissance et qu'elle ne me lâchera pas de la journée.

Physiquement, je suis en grande difficulté. Par exemple, quand je me contorsionne pour sortir Olivia de la voiture, ses 10 kg me font trembler les jambes, je sens que je suis à la limite de ce que mon corps peut supporter. Je n'ai plus de force et mon corps me dit que, non, ce n'est pas le moment, je ne suis pas capable physiquement de tomber enceinte. Cette fois-ci, c'est moi qui n'assure pas. Vincent ne se réjouit pas de la situation – après tout, il a fait sa part avec son « oui mais »–, il se renseigne et trouve une étude canadienne (la seule à l'époque) qui explique point par point comment tomber enceinte quand on allaite.

Sevrage… Au secours !

En clair, il faut que j'arrête l'allaitement pendant une période de six heures la nuit pour que mon corps comprenne que, oui, oui, oui, ce nouveau bébé, je le veux, même si j'ai déjà un bébé pendu aux seins. Faut dire qu'Olivia tète toute la nuit comme un nouveau-né, je suis sa tétine ou son doudou, au choix ! Elle dort toujours avec nous, on n'a qu'une chambre pour les enfants et je n'imagine pas devoir rendormir les deux à chaque réveil de l'un ou de l'autre. Aussi, quand Olivia a 16 mois, on commence ce fameux sevrage nocturne dans l'optique de refaire un bébé. Le soir, Vincent prend ainsi le relais et la met dans la chambre de son frère, dans un tout joli et nouveau lit superposé. Oh ! là là, que c'est dur ! Elle est incapable de dormir seule à la maison. Alors qu'elle y arrive parfaitement à la crèche quand on n'est pas là. Mais ici, chez elle, elle ne comprend pas pourquoi je ne l'endormirais pas au sein comme d'habitude, avec moi sa tétine-sein. C'est violent. Pour moi, qui l'entends hurler et réclamer : « Je veux téter, je veux Maman ! » Pour Vincent, qui au fond ne voulait pas tout ça. Et pour Estebán, qui voit son espace de vie envahi par une sœur criarde et par son père au bout du rouleau qui reste au chevet d'Olivia le temps qu'il faut pour qu'elle s'endorme. C'est-à-dire longtemps. Très longtemps. Tout cela dure quasiment trois mois. C'est long. C'est épuisant moralement et physiquement. En plus, dans cette ambiance de pleurs, de crises de nerfs et de couchers-cauchemars, on n'est pas près de le faire, notre troisième bébé ! L'ambiance n'est clairement pas à la fête. Ce semi-sevrage difficile me culpabilise beaucoup. Je me rends compte que j'impose à Olivia quelque chose dans mon propre intérêt. En tant que maman impliquée, qui a donné sa vie à son bébé, pendant ces longs mois, c'est très dur à supporter.

Nouveau projet bébé lancé

Finalement, dix-sept mois après mon accouchement, j'ai enfin mon retour de couches, comme si mon corps me donnait le feu vert pour recommencer. Mais plus les semaines filent, plus j'ai l'impression que je vais le faire toute seule, ce bébé… Vincent a accepté l'idée par dépit pour me rendre heureuse, pour que je ne sois pas malheureuse, mais dans l'histoire j'ai bien peur qu'il soit le grand perdant et le grand malheureux… Je sais qu'il s'est mis entre parenthèses pour répondre à mes besoins. C'est une vraie preuve d'amour, mais quel sera le prix à payer ? Et s'il changeait d'avis ? Et ces nœuds de cerveau recommencent à chaque nouveau cycle… Car, contrairement aux grossesses précédentes, je ne tombe pas enceinte en claquant des doigts cette fois.

À chaque nouveau test de grossesse négatif, j'ai peur que Vincent souhaite faire un pas en arrière. Qu'il remette en doute les essais bébé. Ainsi, pour la première fois dans notre histoire de parents, on en arrive à calculer, avec les tests d'ovulation, au jour près quand faire l'amour, limite à quelle heure et dans quelle position. Enfin, après neuf mois d'essais infructueux, je tombe enceinte. Ouf ! C'est un énorme soulagement. C'est un timing tout à fait dans la norme. Mais, pour moi qui pensais pouvoir tomber enceinte facilement comme par enchantement, ça semble une éternité. Et encore, je ne suis pas au bout de mes peines. J'allaite toujours Olivia. Et, malheureusement, je vais devoir arrêter. C'est émotionnellement très compliqué à gérer.

III.

Alba, un allaitement au long cours

Ah ! ce dernier bébé... J'aurais pu l'appeler Désirée. Il fallait que je retombe enceinte pour faire taire définitivement mon besoin viscéral d'enfanter. Avant Alba, notre couple a connu de grosses turbulences, mais, coûte que coûte, j'ai tenu bon dans mon désir de porter de nouveau un bébé et d'allaiter. Chaque allaitement est différent. Et celui d'Alba ne déroge pas à la règle. Alors que celui d'Olivia s'était parfaitement déroulé, celui d'Alba est plus difficile. Nous devons nous adapter toutes les deux, trouver notre manière de faire. Et puis... Alba va apprendre à partager son sein avec sa cousine, le temps de quelques semaines. Une tout autre aventure !

Nom de code de cet allaitement : instinctif.

Ce que j'ai appris de l'allaitement avec Alba : tu as beau avoir eu un précédent allaitement qui a parfaitement roulé, ça n'empêche pas le suivant d'être plus difficile. C'est un peu le jeu de la loterie, on ne sait pas quels seront les besoins des bébés et leur capacité à bien téter.

Enfin enceinte, je n'y croyais plus ! Je sors un matin hystérique de la salle de bains avec mon petit bâton rayé de deux barres bien distinctes, je tremble, les yeux humides, je serre très fort Vincent dans mes bras, ça y est, on y est, je pense que le plus dur est passé. Ha, ha, ha ! Que nenni. On n'a pas encore approché le cœur de la tempête.

Il faut tout de suite trouver une autre organisation pour l'entreprise de couture. Jusqu'alors, je gérais seule une centaine de pulls par mois, mais là, enceinte, avec les deux enfants, ça ne va pas être possible. Soit j'arrête. Soit on passe un nouveau cap. Finalement, Vincent tranche et décide de quitter son job d'agent immobilier pour se consacrer à notre projet commun. À force de recherche, on trouve un atelier qui prend le relais et réalise nos créations. Je n'ai plus qu'à imaginer les modèles, à prototyper, Vincent s'occupe de sourcer les matières, on valide tout ensemble et l'atelier s'occupe de la confection.

Ne sachant pas à quoi nous attendre et n'ayant pas de trésorerie de base pour lancer la toute première collection cousue en atelier à Paris, on décide de faire confiance à nos clientes en proposant une campagne participative, afin de ne produire que le strict nécessaire et de ne prendre aucun risque financier. Quasiment en même temps, on annonce cette nouvelle grossesse publiquement, à nos familles, à nos amis, puis à notre communauté sur Instagram. C'est l'euphorie. Plus de 3 000 messages de félicitations, c'est fou, c'est comme si mes 50 000 copines apprenaient ma grossesse en même temps !

Ces nouveaux projets (le bébé et l'atelier) nous permettent de souffler. Certes on travaille beaucoup, mais on aime ce qu'on fait. La fatigue s'estompe. D'autant que la grossesse se passe divinement bien. Ma communauté, qui avoisine maintenant les 50 K, suit toutes mes pérégrinations de très près. Et ma première campagne Ulule est un franc succès. Les gens nous suivent, soutiennent notre projet engagé (*made in France*, tissus upcyclés...) et nous aident à trouver une trésorerie.

De 100 pièces par mois, nous, enfin l'atelier passe à 400 pièces. La cadence augmente, tout comme la paperasserie : charges, compta, TVA, Urssaf... Pour moi qui ai quitté l'école en seconde, c'est du chinois. Mais pour Vincent, qui gérait d'énormes chantiers avec des sous-traitants, c'est *easy, baby*. À moi les créations, à lui les papiers !

LE SEVRAGE IMPOSSIBLE À ASSUMER

Alors qu'il n'était pas très chaud au début, Vincent est particulièrement impliqué pendant la grossesse. Il m'accompagne, comme il l'a toujours fait, à toutes les échographies et autres rendez-vous médicaux. Il prend son rôle très au sérieux et cela me rassure après tous ces mois de doute. Je me dis que le dieu des bébés m'a entendue et que peut-être Vincent va trouver la force pour s'investir de nouveau en tant que papa.

Petit pincement au cœur. On avait été particulièrement chouchoutés par nos proches pour la première grossesse. Un peu moins pour la deuxième. Et plus vraiment pour la troisième... Vous savez, cette petite réaction sans émotion à l'annonce de l'arrivée du troisième bébé : « Ha, encore ! Bah... Félicitations, hein ! »

Ça ne nous dérange pas, c'est le jeu après tout. La grossesse se déroule à merveille, on l'immortalise en photos bien davantage que les précédentes, je vis chaque instant comme si c'était le dernier, et cette façon d'aborder cette parenthèse change tout dans ma tête. Tout est très paisible, je suis à l'arrêt du côté de la crèche vers les six mois de grossesse et je continue à faire croître notre petite entreprise aux côtés de mon mari.

Les couacs

À trente-trois semaines d'aménorrhée, grosse frayeur, grosse fièvre et infection, on débarque à la maternité pour un monitoring de contrôle. La sage-femme installe l'appareil et je n'entends pas le cœur du bébé. L'espace d'un instant, je pense que tout est fini. Je panique et j'ai l'impression de tomber dans un énorme trou sans fond. Les larmes coulent instantanément. Mais finalement, plus de peur que de mal, un instant plus tard, on repère dans quel sens est le bébé, j'entends les battements rapides de son cœur, enfin. Je me reconnecte à la réalité. Je dois juste prendre quelques antibiotiques...

L'autre couac vient plutôt de mon allaitement. Olivia a maintenant 2 ans et demi et elle tète toujours aussi régulièrement la journée depuis son sevrage nocturne...

Elle a gardé cette habitude de faire de petites tétées tout le long de la journée. Elle n'a pas de rythme, mon sein est un peu son doudou, dès qu'elle en ressent le besoin, elle tète quelques minutes avant de retourner à ses occupations, ce sont surtout des tétées-câlins.

Mais, à mes cinq mois de grossesse, je dois prendre la décision d'arrêter l'allaitement assez soudainement. Il faut dire qu'à chaque fois qu'elle tète j'ai l'impression qu'elle a des lames de rasoir entre les dents. La sensation, avec la sensibilité liée à la grossesse, est insoutenable. Tout ça à cause de la montée d'hormones. À 2 ans et demi, on est en âge de comprendre. Aussi, je lui ai expliqué que désormais elle me faisait mal en tétant. Un vrai crève-cœur.

Elle, elle n'a rien changé, rien demandé, mais je lui annonce que bientôt les tétées seront terminées, que c'est trop difficile à supporter pour moi. Ce ressenti s'appelle « l'aversion à l'allaitement ». À chaque tétée, j'essaye de prendre sur moi, de me dire que je vais surmonter la douleur, et finalement, au bout de quelques secondes, je ressens une impulsion de recul, j'ai envie de la décoller de mon sein, je veux que la sensation de succion s'arrête ; pourtant, elle, elle tète exactement comme d'habitude. C'est mon corps qui change.

Comment faire pour continuer d'allaiter malgré la douleur ?

La réponse de Catherine Boite, consultante en lactation IBCLC : « Pendant la grossesse, les changements hormonaux peuvent provoquer des douleurs lors de la succion. Parfois, ces douleurs sont passagères, dans ce cas on peut demander à l'enfant de téter moins longtemps, de trouver une position plus confortable, moins douloureuse. On peut aussi masser ses seins avant la tétée pendant une minute ou deux. Les tétées sont alors beaucoup plus supportables, ce qui permet de patienter jusqu'à ce que l'allaitement redevienne tout à fait confortable.

Si les douleurs sont intenses et que l'enfant ne veut ni diminuer son nombre de tétées, ni modifier sa position, ni adapter sa succion, ou qu'aucune de ces propositions n'est efficace au bout de quelques jours, autrement dit si rien ne diminue la douleur de la maman, elle peut tout à fait décider d'arrêter.

L'allaitement doit être avant tout un moment de rencontre et de partage, un moment de plaisir autant pour la mère que pour l'enfant. Si la tétée génère de la douleur chez la maman, le plaisir de l'enfant n'est souvent plus présent car il sent la tension de la maman qui n'a qu'une envie, c'est que la tétée s'arrête.

L'enfant peut toutefois vouloir continuer pour d'autres raisons. Il ressent la présence du bébé et cela peut générer des émotions qui l'incitent à continuer à téter même si cela est moins confortable pour lui.

Arrêter l'allaitement quand il reste douloureux pour la maman peut aider l'enfant à passer à autre chose et à trouver l'amour et la rassurance par d'autres moyens : beaucoup de câlins, de massages, plus de temps avec l'enfant autour du jeu, de la lecture, de chansons, de bercements qui vont le rassurer et l'aider à comprendre que, même avec la venue d'un petit frère ou d'une petite sœur, il sera toujours aimé et pourra toujours trouver du soutien auprès de sa maman.

Après la naissance, s'il veut reprendre les tétées, un coallaitement peut être envisagé, si la maman n'a plus mal, si elle en a envie et toujours en privilégiant un maximum de lait pour le nouveau-né. »

« Maman, les seins, c'est bien fini ? »

La seule solution que j'ai trouvée pour arrêter aussi sec, c'est de la confier cinq jours de suite à ses arrière-grands parents. Sans moi, bien obligée de ne pas téter. C'était la première fois que nous étions séparées aussi longtemps. Bien que souffler quelques jours nous ait fait le plus grand bien, à Vincent comme à moi, dire au revoir à cette aventure a été aussi difficile pour elle que pour moi. Avec la grossesse, je n'avais plus de montées de lait, mon corps se préparait à produire du colostrum pour le futur bébé, mais mettre un terme à cet allaitement en cours, à ce lien si particulier entre nous deux, à ces moments complices qui n'appartenaient qu'à nous, c'était un véritable déchirement pour moi.

À son retour, sa première question a été : « Maman, les seins, c'est bien fini ? » Je lui confirme que oui. Je lui explique que, comme mon ventre qui grossit pour bientôt donner naissance à un bébé, mes seins se préparent pour faire du lait pour un tout-petit. Qu'elle, maintenant, c'est une sacrée grande fille, et que ça y est, il est temps d'arrêter de téter. Mais intérieurement je bous. Pour moi, c'est comme un mensonge. Bien sûr que non, Olivia n'est pas encore une grande fille. Ce n'est pas encore son heure. Je le sais, qu'elle n'est pas prête, qu'elle subit cette décision. Elle tente quelques approches, mais je tiens bon. Je lui propose des moments câlins sans le sein en remplacement des tétées-doudous, mais elle refuse. Elle rejette mes bras et préfère faire autre chose plutôt que de me câliner sans avoir accès aux seins. Pour elle, c'est tout ou rien. Au bout de quelques jours, elle le prend plutôt bien et ne réclame que très rarement de téter. Dans sa tête, j'ai l'impression qu'elle est clairement passée à autre chose. Moi, je me dis que c'est juste l'histoire de quelques semaines, qu'à la naissance du bébé elle pourra retéter si elle le souhaite.

Pour moi, c'est un sevrage forcé, je sais qu'elle n'en sera pas traumatisée, que deux ans et demi, c'est une sacrée expérience, bien au-delà de ce que je pouvais imaginer. Mais dans mon histoire idéale je rêvais qu'elle me dise un beau matin « ça y est, je veux plus téter, j'ai grandi, on passe à autre chose », comme elle a su le faire quand elle a décidé d'elle-même d'arrêter de porter des couches. Mais si la maternité m'a bien appris une chose, c'est que l'on ne maîtrise pas tout et que tout ne se passe pas toujours comme on l'avait imaginé.

Quinze jours après le sevrage, elle fait une grosse chute lors d'une fête de famille chez ma sœur. Elle s'est écorché tout le dos, je suis démunie, je ne sais plus comment on console un enfant. Face à ses cris, ses pleurs et sa peur, instinctivement je demande si elle veut téter. Elle me répond par un petit oui, assez surprise, mais soulagée par ce doudou qu'elle connaît si bien. Elle s'approche délicatement, colle sa bouche à mon sein et pleure de plus belle, et dans un sanglot elle me lance : « Je ne sais plus téter. »

Est-ce une bonne idée de faire goûter le lait maternel à la fratrie ?

La réponse de Catherine Boite, consultante en lactation IBCLC : « Il ne semble pas utile de le proposer aux plus grands. En revanche, si c'est leur demande, il est bien sûr important de leur proposer d'y goûter, soit du lait recueilli dans un verre, soit en les laissant téter le sein s'ils en ont envie et savent encore le faire. À cause du goût salé, beaucoup sont assez déçus et sont ravis de le laisser au bébé. »

Je suis totalement déroutée, comment est-il possible de ne plus savoir téter ? De n'avoir fait que ça des années durant et de ne plus savoir comment s'y prendre à peine quinze jours après avoir arrêté ? Eh oui, la tétée, c'est pas comme le vélo, ça s'oublie. Et heureusement ! Les corps sont bien faits. Grande leçon de sagesse : quand on regarde les photos de son allaitement, mon petit bout d'amour me dit souvent « Oh, c'est quand j'étais un bébé ! » même pour les photos datant de moins d'un mois auparavant ! Ça y est, elle a (un peu) grandi et elle est passée à autre chose… À la naissance de sa petite sœur, comme tous les enfants, elle me demande de goûter le lait. Je lui laisse prendre un sein, d'autant qu'à la base j'avais dans l'idée de partir sur un coallaitement avec mes deux enfants. Mais c'était juste pour faire semblant, en fait, ça ne l'intéresse plus.

Pourquoi dit-on que le lait maternel s'adapte aux besoins et à l'âge de l'enfant ?

La réponse de Catherine Boite, consultante en lactation IBCLC : « Le plus gros changement a lieu dans les trois premiers jours entre le colostrum et le lait proprement dit. Ce colostrum est particulièrement riche en sucre, en sel, en protéines, en anticorps ; bref, quelques gouttes représentent une vraie bombe énergétique totalement adaptée pour le nouveau-né. Il a aussi comme propriété d'accélérer le transit afin d'aider le nouveau-né à évacuer son méconium.

Attention, lorsqu'un plus grand boit ce colostrum, il peut avoir mal au ventre et des selles liquides. Bien sûr, cela n'entraîne aucun problème de santé, il faut juste le savoir pour ne pas s'inquiéter. Le colostrum est très concentré et petit à petit, durant le premier mois, le lait sera de plus en plus liquide et contiendra de plus en plus d'eau. L'enfant buvant de plus grosses quantités, ses apports resteront parfaitement adaptés.

Dès la fin de la première semaine, le bébé boit chaque jour des quantités moyennes de 600/800 ml à plus de 1 l pour les plus gros mangeurs. Les modifications durant les mois suivants restent beaucoup plus légères, ce qui fait que deux enfants d'âges différents peuvent sans aucun problème être coallaités.

De même, du lait maternel recueilli et congelé peut être redonné à l'enfant plusieurs mois après sans souci. »

Finalement, Olivia ne reprendra jamais plus le sein. Mais ce sevrage a été émotionnellement difficile. Olivia n'était pas prête du tout à un arrêt aussi brutal. Idéalement, j'aurais préféré qu'elle se détourne d'elle-même du sein quand le goût du lait a changé (c'est souvent le cas durant une grossesse).

Chaque soir, pour l'endormir, il faut la bercer pendant au moins deux heures... Tâche qui revient à Vincent, qui bien souvent s'endort avant elle, avant d'entendre : « Hé, papa, tu me secoues plus, je dors pas encore ! » Bref, c'est la misère du coucher. Et chaque soir pendant six mois, je me répète intérieurement : « Ça serait tellement plus simple si je l'allaitais encore. »

Peut-on remettre le « grand » au sein quand on a un bébé ?

La réponse de Catherine Boite, consultante en lactation IBCLC : « Oui, sous certaines conditions. Il faut que ce soit un souhait de l'enfant. Certains ne veulent plus téter, le lait redevient du colostrum, qui change de goût, de texture et devient plus salé. Il préfère le laisser au bébé. Il faut aussi que ce soit un souhait de la maman. Le coallaitement peut parfois être difficile à gérer quand le grand accepte mal que le bébé tète. Il peut vouloir téter beaucoup plus. Il faut toujours bien sûr privilégier les tétées pour le bébé. Il est important de suivre sa courbe de poids, qui doit être optimale. N'hésitez pas à vous faire accompagner par des associations ou des professionnelles de l'allaitement. »

UNE NOUVELLE FEMME EST NÉE

Petit à petit, je m'habitue à retrouver mon corps rien qu'à moi, cette petite pause de quelques mois entre la fin de l'allaitement d'Olivia et le début du prochain me fait le plus grand bien. Olivia commence seulement à faire des « presque nuits », avec un ou deux réveils par-ci par-là. Et, nous, nous nous reposons autant que possible (si tant est qu'il soit facile de dormir enceinte, avec cet énorme ventre qui nous encombre) pour avoir l'énergie de recommencer bientôt.

Ma troisième grossesse correspond à l'explosion de mon activité de mum'preneuse. Avec Vincent, on enchaîne les productions, les shootings, le développement des collections suivantes. Arrive enfin la 36e semaine. C'est mon timing. C'est la semaine où je mets bas, je n'attends jamais la 41e et dernière semaine, je suis toujours un peu en avance. Ainsi, chaque fois qu'on doit sortir, voir des amis, aller à un rendez-vous, on se demande si on prend le risque ou pas. Risque d'accoucher « là-bas ». Risque de revenir à trois. En même temps, depuis mon premier accouchement, je suis une autre femme. Mes forces ont décuplé. Je sais désormais que je peux accoucher sans péridurale. Je sais que mon corps est puissant. Je me dis que si ça ne se passe pas dans la maternité qui détient mon dossier d'inscription, ce n'est pas très grave.

Et je vois que je n'accouche pas : 37e semaine, 38e, 39e... Toujours rien. Il faut dire que pour cette grossesse tout est différent. Contrairement aux deux précédentes, j'ai pris bien plus de poids, autour de 16 kg (contre 9 ou 10 max pour les autres), on a aussi moins fait de rendez-vous d'échographie, de suivi, on est plus « à la cool », peut-être que cela change la donne.

Le boulot avant tout !

18 juillet 2019. Cette journée-là, nous avons un shooting de prévu loin de chez nous, à une heure de voiture environ. Une journée spéciale de photos en studio avec une professionnelle pour notre site et pour présenter la nouvelle collection avec des mannequins amies. Ce sont toujours des journées difficiles à organiser (trouver le lieu, les gens...) et très intenses (en une journée se concentre le fruit du travail de plusieurs mois et d'elle dépend aussi la recette des mois suivants grâce aux ventes réalisées). Ce matin-là, les éternelles questions « On y va ou pas ? », « On prend le risque ou pas ? » ne se posent même pas. Comme à chaque sortie depuis des semaines, on se dit qu'au pire j'accoucherai dans une autre maternité, ce n'est pas bien grave.

Donc, ce matin du 18 juillet, je me prépare pour partir, Tata Nono nous rejoint pour le shooting et je la maquille avant de partir. Un petit pipi avant d'y aller (la vessie des femmes enceintes, vous connaissez, mille pipis par jour) et là, surpriiiise ! Ça ne s'arrête pas de couler. Je comprends bien vite. Je fais un petit test rapide pour confirmer... Je m'accroupis et je constate que, même quand je ne fais rien, du liquide continue de couler, en petite quantité, mais quand même, du liquide coule. La poche des eaux vient de se fissurer. Rapide brainstorming en famille, qu'est-ce qu'on fait ? Évaluation de la situation : les grands sont déjà gardés pour la journée, le shooting est prévu, les filles sont déjà en route, j'ai pas de contractions, la poche des eaux est juste fissurée. Bon, on part, on avisera sur place. J'enfile une culotte absorbante spéciale fuites urinaires, j'en emporte quelques autres et advienne que pourra. On décide d'y aller. Au shooting, pas à la maternité. En même temps, on commence à connaître la musique... Le bébé ne va pas arriver avant plusieurs heures. Et comme je ne veux pas de péridurale ni rien, il n'y a pas grand-chose à faire à part attendre que le bébé pointe le bout de son nez. On a largement le temps. Donc, on part. Et je ne m'inquiète pas du tout. Je suis parfaitement sereine.

Dès mon arrivée sur le lieu du shooting, je préviens tout le monde. Aujourd'hui, faut être super-efficaces, ne pas perdre une minute parce que… j'accouche. Les modèles sur place, c'est-à-dire plusieurs membres de la famille, des amies et la future marraine, ainsi que la photographe n'en reviennent pas que je sois là, alors que j'ai perdu les eaux.

Le shooting débute à 10 heures. On ne perd vraiment pas une minute. Chaque modèle passe devant l'objectif dans les différentes tenues qui lui sont attribuées, nous sommes toutes très excitées à l'idée de vivre cette journée si spéciale toutes ensemble. À 13 heures, on fait la photo de fin de shooting.

Pour célébrer ce dernier jour de ma grossesse, nous posons toutes les mains sur mon ventre. Cela fait maintenant un petit moment que j'ai des contractions toutes les heures environ, mais des contractions profondes. À force, je commence à connaître la différence. Mais, toujours pas inquiète, j'enchaîne avec le resto de fin de shooting. On rentre vers 15 heures, on va chercher les enfants, que l'on dépose chez Papy et Mamie. Tranquille Émile, y a pas le feu au lac, Maman a perdu les eaux, mais tout va bien, elle gère.

« La prochaine fois que nous nous verrons, nous serons avec votre petite sœur », leur explique-t-on. Estebán me fait un bisou sur le ventre et lance : « On va te rencontrer bientôt. » Ce trop-plein d'amour me donne beaucoup de force.

Allers-retours entre la maternité et la maison

Enfin, à 17 heures, on part tranquillement à la maternité. Celle-ci est blindée. À croire que toutes les mamans ont décidé d'accoucher en même temps. En salle de consultation, le monito de contrôle confirme les contractions. Mon col, lui, est un peu ouvert, mais pas suffisamment pour donner la vie. Comme on veut un accouchement naturel, le personnel soignant nous conseille de rentrer chez nous. Alors ? Qui avait raison d'assurer le shooting ? Bon, évidemment, je n'ai pas dit que j'avais perdu les eaux le matin et enchaîné avec une journée intense de boulot. Sinon, ils m'auraient sermonnée sur les risques d'infection et tout le bazar. Non merci. Je file à l'anglaise. De retour à la *casa*, Vincent prépare le nid et se lance dans une séance endiablée de nettoyage du sol au plafond. Je ne l'ai jamais vu aussi actif derrière les moutons de poussière. Au moins, ça l'occupe. Moi, je suis dans mon bain, tranquille, je commence à faire le tri et les retouches des photos et vidéos de la journée, la collection sort dans quelques jours et ce n'est pas quand mon bébé sera entre mes bras en train de téter que je pourrai me pencher sur le sujet. Je sens que les contractions s'intensifient. Dans ma tête, je me lance un challenge : « Allez, je tiens bon dans mon bain jusqu'à la fin du montage de la première vidéo, tant que ce n'est pas fini, on ne retourne pas à la maternité. » Et là, *ploc !* Ce bruit signifie que la poche des eaux a vraiment éclaté. Le matin, elle avait juste dû se fissurer. Cela fait deux-trois heures qu'on est à la maison, bien *clean* (merci Vincent). Il est temps de retourner à la maternité.

20 heures. Les contractions s'intensifient vraiment. Je sens que le travail est en route. On prend la voiture, Vincent met du Céline Dion à fond dans la voiture, on chante *J'irai où tu iras* à tue-tête après chaque contraction. À notre arrivée à la maternité, il n'y a personne pour nous accueillir. Les contractions sont de plus en plus fortes, j'ai l'impression que je vais accoucher d'une minute à l'autre. Il y a foule ce soir, aucune salle n'est disponible. Aucune pro n'est disponible non plus pour nous prendre en charge. J'ai besoin d'aller aux toilettes, les minutes passent et je me demande si ce n'est pas là, dans les toilettes de l'accueil de la maternité, que mon bébé va voir

le jour. Vingt minutes sont passées, une sage-femme nous installe enfin en salle de prétravail. C'est une salle fraîchement rénovée qui est normalement celle où l'on va avancer tranquillement vers l'accouchement avant d'être transférés en salle d'accouchement. Les lits n'y sont pas adaptés aux accouchements traditionnels, il n'y a pas d'étriers, pas de matériel médical. Ce n'est pas forcément la pièce idéale pour mettre au monde un enfant, mais comme je ne veux pas de péridurale, la sage-femme estime que j'y serai parfaitement bien. C'est d'ailleurs la même que pour l'accouchement d'Olivia. Elle se souvient très bien de moi, j'avoue que moi non, étant donné que j'étais dans un état second...

L'accouchement encore plus nature que nature

La bonne nouvelle ? Elle me dit de me mettre à l'aise et d'accoucher comme je le sens. Très bien. Je la prends au mot et je me mets à quatre pattes sur le sol. La sage-femme pose une alèse jetable sur le sol, histoire que le bébé ne se retrouve pas à même le lino en sortant. Une position peu protocolaire et bien plus naturelle. Vincent s'installe en tailleur devant moi pour me soutenir par sa voix et ses bras, la sage-femme se positionne, allongée sur le flanc derrière moi, pour contrôler que les choses avancent bien.

Je pousse, je pousse. Clairement, je pousse dans le vide. Rien ne se passe. La tête est là, elle toque à la sortie, mais remonte aussitôt. La sage-femme me conseille de changer de position.

Je rechigne un peu, chaque geste me demande un effort surhumain. Le lit me paraît hyper-haut, mais je vois bien que là, comme ça, ma poussée est inefficace. Vincent redresse le tissu au maximum de façon à ce que je sois assise, le dos quasiment droit. Je grimpe et me positionne presque accroupie, le bassin rétroversé. Je pousse en maintenant cette position. Le bébé est à l'envers (son regard vers le plafond), d'où sa difficulté à passer le barrage de sortie. Je pousse une dernière fois et la crevette sort enfin. Il est 21 heures, j'attrape Alba avec mes mains et l'aide à sortir de mon corps, elle est en boule, une minuscule petite boule que je colle contre mon torse. Elle me paraît microscopique, bien plus petite que les autres bébés que j'ai portés. J'ai pris tellement de poids, et mon bébé, né à terme, est si petit. On laisse les choses se faire, la sage-femme est tellement à l'écoute de nos besoins, à nous trois, c'est un véritable bonheur ! On attend avant la pesée et tous les examens médicaux que tout le monde atterrisse un peu. On profite à fond de cet instant magique.

Alba pèse 2,5 kg pour 49 cm, je suis surprise, elle a prolongé son bail de trois semaines par rapport à ses frère et sœur et, malgré tout, elle est bien plus maigrichonne. Comme sa sœur, Alba trouve le chemin du sein directement. Elle est pleine de vernix, complètement blanche ! On la pose proche de mon sein et elle fouine avec sa minuscule tête, elle lève cette tête qui paraît si lourde et nous montre le tonus incroyable qu'elle a dans sa nuque, elle se rapproche de sa cible et attrape le sein. Sa succion n'est pas top-top, je le vois tout de suite avec mon œil qui s'est aiguisé au fur et à mesure des années. Elle n'ouvre pas complètement la bouche, elle creuse ses joues mais ne réussit quand même pas à téter.

Cette fois, on veut quitter la maternité encore plus vite que d'habitude. Le personnel soignant commence à connaître nos « lubies » de néo-parents. On dort dans la salle de prétravail où j'ai donné la vie, enfin, dormir... Alba oui, moi, je passe la nuit à la regarder, ébahie par ce merveilleux bébé. À chaque petit mouvement des lèvres dans son sommeil, je lui propose le sein, je suis aux aguets, je ne loupe rien. J'observe tout ! « Ah, il y a un petit frein de langue, je pense. » ; « Ah, elle tète un peu du bout des lèvres, j'en parlerai à Catherine ! »...

Le lendemain, on nous installe en chambre double, mais la maman d'à côté prépare ses valises pour rentrer chez elle. Je suis plutôt tranquille. Les professionnelles viennent de temps en temps voir si tout va bien, mais ne sont pas insistantes. Une infirmière IBCLC, professionnelle de l'allaitement, passe me rendre visite. Elle le fait pour chaque maman qui allaite. Nous voilà à discuter pendant une heure d'allaitement long, de ce qui est génial et moins chouette avec l'allaitement… et c'est maintenant, après trois enfants et quand j'en ai le moins besoin, qu'enfin je me sens soutenue et écoutée à la maternité. Quel bonheur ! Je me réjouis que les quelques années qui me séparent de mon premier accouchement aient permis aux services de maternité d'évoluer et d'avancer sur le sujet de l'allaitement. J'apprendrai bien plus tard que ce n'était peut-être qu'un coup de chance d'être tombée à ce moment-là sur des professionnelles bienveillantes.

Après une seule nuit passée là-bas, on quitte la maternité au bout de trente-six heures. Un record. Même les proches n'ont pas eu le temps de passer ! Seuls Estebán et Olivia sont vite venus faire un coucou et rencontrer le bébé. Ils prennent Alba dans leurs bras et la trouvent superbe. Olivia, qui est une grande fan de bébés, veut l'examiner sous toutes les coutures, elle demande si on peut la déshabiller pour voir à quoi elle ressemble toute nue, on en rigole, on a hâte, surtout moi, de rentrer à la maison et de nous mettre dans notre bulle.

BIENVENUE DANS MA BULLE

C'est un été de canicule, comme ça on se tiendra un peu plus au frais et on pourra traîner en culotte à la maison sans que ça dérange personne.

Nous voilà de retour, j'ai une mission, nourrir cette enfant, mais surtout qu'elle grossisse correctement. Avant notre départ de la maternité, le pédiatre qui l'a examinée nous a lancé : « Et depuis combien de temps vous saviez qu'elle avait un retard de croissance ? » On est restés sans voix. On ne nous a pas parlé d'un quelconque retard durant la grossesse. Finalement, elle a pris du temps de rab dans mon ventre par rapport à ses frère et sœur, mais elle n'en a pas profité pour grossir. On se rend bien compte que 2,5 kg à 39 semaines, ce n'est pas dingue comme poids. Il va falloir qu'Alba se remplume, et vite.

Je la pose très peu au tout début, je veux qu'elle tète aussi souvent que possible. Elle passe sa vie en peau à peau, un coup sur moi, un coup sur Vincent, un coup sur Olivia, qui se voit remplie d'une fierté incroyable de pouvoir avoir sa « bébé-sœur », comme elle l'appelle, contre son torse sur le canapé. Estebán, lui, préfère lui faire des caresses, mais les câlins, c'est toujours moyennement son truc. Au moindre signe d'éveil, hop, au sein ! Elle me semble bien moins accro que sa grande sœur et c'est en quelque sorte un soulagement. Un bébé qui tète davantage pour se nourrir que pour combler d'autres besoins, pour un troisième, ça nous arrange. Comme sa sœur à l'époque, elle dort en cododo, elle est portée en écharpe plusieurs heures par jour, mais elle est aussi souvent posée, dans un petit berceau que l'on trimballe un peu partout dans l'appartement. Pour l'instant, elle parvient à dormir ailleurs que contre nous, c'est une bonne chose.

Seule contre le reste du monde

Alba a à peine 8 jours quand on part tous ensemble en Vendée. Et là… c'est de nouveau le drame. Non pas parce que personne dans la maisonnette ne peut dormir. Non, non. Simplement, il se passe un phénomène étrange dans ma tête. J'ai l'impression d'être seule avec mon bébé contre le reste du monde. En clair, il y a la *team* Maman-Alba et… les autres, qui deviennent complètement transparents à mes yeux. Je ne vois plus personne, je n'entends plus rien à part les gazouillis d'Alba. Vincent commence à fulminer. Je crois qu'il meurt d'envie de me lancer : « Tu vois, j'en étais sûr ! » Mais bon, Vincent est un homme du monde. Il ne dit rien sur cet état sauvage dans lequel je suis et il s'occupe seul des enfants en attendant l'arrivée de la sauveuse Tata Nono. Mais, intérieurement, ça monte. D'autant que pour Estebán et Olivia, privés de leur maman, c'est pas la joie non plus. Tout le monde déprime sauf Alba et moi. Vincent, comme il le craignait, ne trouve pas sa place dans ce duo fusionnel mère-fille. Comme il le redoutait, il se retrouve dans une vie qu'il ne voulait pas.

La routine des vacances se met en place. Les enfants quittent la maison assez tôt le matin avec Vincent et Tata Nono, nous permettant de prolonger un peu notre nuit. Les journées ne sont pas simples, on se rend compte qu'Alba a des difficultés à téter. On l'a vu dès la maternité, sa prise en bouche est mauvaise, ses joues se creusent quand elle tète, elle a un frein de lèvre un peu restrictif, alors qu'elle aurait besoin d'être bien alimentée pour se remplumer un peu. Elle régurgite beaucoup et s'étouffe souvent en position allongée. Les nuits sont chaotiques, il y a des pleurs, de nombreux changements de position, je dors souvent semi-assise avec elle contre moi. La journée, j'essaye de passer de bons moments avec elle, ces premières semaines de vie ne reviendront pas. Je prends des douches avec mon bébé tout collé contre moi et de la musique douce dans la salle de bains et je me dis que le temps va arranger les choses, que ça ira. Heureusement, Catherine est dans la maison d'en face pendant ses vacances. Elle sort d'une formation sur les freins de langue et met en pratique avec Alba tout ce qu'elle vient d'apprendre.

Elle m'aide à trouver des solutions. Alba est un bébé très tonique, peut-être même trop tonique. Il faut réussir à libérer les tensions qu'elle a dans le corps pour qu'elle se détende et réussisse à téter plus efficacement. Je comprends bien que dans le corps humain, et encore plus dans celui des bébés, tout est lié, alors on lui fait des massages de la langue, des massages du corps pour la détendre, on sent que c'est un tout petit bébé très nerveux. Ce nouveau protocole fonctionne bien, c'est pas mal. Peu à peu, les tétées se passent plus facilement. Elle régurgite moins, dort un peu mieux. En fin de journée, on rejoint les grands et le reste de la famille sur la plage. Si Alba a besoin de téter, on s'installe pour que je l'allaite, peu importe où nous sommes.

On passe du temps en famille, mais Vincent gère 99 % du reste, je suis focus sur Alba. Je sais que ce temps pris juste pour elle est nécessaire, il y avait vraiment des choses à prendre en compte et à régler. Puis, arriver en troisième, dans une famille aussi mouvementée et bruyante que la nôtre, ce n'est pas un cadeau tombé du ciel pour un bébé tout neuf.

Je n'ai qu'un regret, ne pas avoir réussi à doser. Avec moi, c'est tout ou rien. Comme à la naissance d'Olivia, le reste n'a plus existé. Cet été-là, j'ai été spectatrice de ma famille, et je vivais en duo avec mon bébé.

Entre Vincent et moi, le fil se distend. Après quatre semaines en Vendée, on rentre tous à la maison. Mais je reste dans ma bulle avec Alba.

Attention danger...

Clairement, début septembre, on pourrait croire que l'on est colocataires dans une maison d'enfants. Vincent s'enfonce dans une petite dépression post-partum en partie liée à mon attitude exclusivement tournée vers Bébé. Un exemple ? Comme pour Olivia, Alba dort avec nous... enfin, avec moi. Car, très vite, Vincent déserte le lit *king size* pour s'installer dans le salon. C'est vrai qu'Alba fait le bruit d'un tracteur des années 1980 quand elle tète. Elle s'étouffe souvent en tétant et Vincent se réveille chaque fois en sursaut avec l'impression que son bébé est en train de mourir. Il part... et je ne le retiens pas. Je reste dans ma bulle et je ne vois pas le danger pour le couple approcher.

L'épisode chambre à part devient chronique. Je dors avec bébé, il s'installe dans le salon. Vers 22 heures, je pars me coucher avec Alba, après le bisou de bonne nuit aux grands. J'endors Alba au sein, en position semi-assise, et ça peut prendre des heures. Le soir, c'est dur pour elle, comme pour beaucoup de bébés, alors je donne le sein pour calmer, puis ça repart de plus belle, je câline, mais ça ne suffit pas, et au bout d'un moment, enfin, elle se laisse aller, pour quelques heures seulement, dans les bras de Morphée. Alors je saute sur l'occasion pour m'endormir aussitôt. Bien souvent, je la pose à côté de moi, si près que je peux sentir son petit souffle contre moi. Et elle se réveille deux ou trois heures plus tard et ne se rendort qu'en position peau à peau, un peu redressée. C'est inconfortable, mais je suis bien capable de subir des nuits hachées pour qu'elle se sente mieux et qu'elle dorme un peu. On ne fait même plus semblant d'essayer de dormir tous les trois. D'autant que la cadette met toujours autant de temps pour s'endormir, bercée par son petit papa. Bref, les mises au lit et périodes d'endormissement sont très stressantes chez nous... Enfin, surtout pour eux, car, moi, je suis toujours dans ma bulle avec Alba. En clair, moi, je vis avec Bébé. Vincent, lui, vit avec les deux grands. D'ailleurs, mon pire souvenir d'allaitement avec Alba, c'est quand une inconnue sur Instagram m'a dit que ma fille était dénutrie, que l'on voyait bien qu'elle était chétive et qu'elle ne mangeait pas à sa faim. J'ai ressenti une pulsion, j'aurais pu l'étriper si j'avais eu cette sotte en face de moi.

Comment expliquer cet état second, cette impression d'être dans une bulle seule au monde avec Bébé, quand on allaite ?

La réponse de Catherine Boite, consultante en lactation IBCLC : « Plusieurs facteurs peuvent entraîner cette impression. Tout d'abord, les hormones de l'allaitement, prolactine et ocytocine, participent grandement à cet état second. La maman doit être disponible pour son enfant durant les premières semaines afin de lui permettre de se nourrir physiquement et émotionnellement. Le papa ainsi que son entourage familial et amical doivent être là pour lui permettre d'être à l'écoute de son bébé.

D'autres facteurs psychologiques peuvent aussi intervenir. Par exemple, une dernière grossesse et un dernier allaitement peuvent être difficiles à vivre pour la maman et elle peut souhaiter vivre à 200 % ces moments avec son bébé.

Cette situation peut être difficile pour le papa et l'entourage. Il est important de pouvoir en parler et de se faire accompagner. »

Vincent décline peu à peu, et je suis bien incapable de lui tendre la main. Face à son mal-être, on ne communique pas. Comme si cela nous évitait de mettre les pieds dans le plat (« je t'avais prévenue », « je le savais ») et de dégoupiller une grenade prête à exploser. On fait comme si. Mais le cœur est aux abonnés absents. Seule Alba est notre petite lumière dans le brouillard. Indépendante, vive et mobile, elle se retourne à 1 mois et demi, se tient debout à 6 mois, elle marche à 9 mois (contre 16 et 17 mois pour les plus grands !). C'est une véritable tornade.

La communication dans cette longue période nous a énormément fait défaut. J'aurais aimé comprendre à quel point c'était difficile pour lui et j'aurais voulu qu'il comprenne que pour moi aussi c'était tendu. OK, j'ai désiré plus que tout ce bébé, mais ça n'a pas été pour autant une période facile pour moi. Si on pouvait changer les choses, je ferais en sorte que l'on se tienne la main, que l'on s'encourage et que l'on cherche des solutions ensemble plutôt que l'un contre l'autre.

Quand le confinement s'en mêle

En septembre 2019, Estebán entre au CP. C'est une occasion pour moi d'élargir mon cercle d'amies. Je fais ainsi la connaissance de deux autres mamans qui vont beaucoup compter pour moi. Alexandra, qui me suivait sur Insta, et son amie Émeline. En attendant les enfants devant l'école, on papote de choses et d'autres... et je commence à m'ouvrir à elles. Je leur parle de Vincent. De son attitude de plus en plus renfermée. De son désengagement. De son soudain retour aux jeux vidéo en ligne. De sa capacité à rester des heures sur son téléphone. Sa mise à distance de la réalité commence aussi à toucher notre entreprise, qui semble moins l'intéresser.

Et puis, en mars 2020, l'impensable arrive. La France est confinée pour cause de crise sanitaire majeure. C'est ainsi que, comme des millions de Français, je me retrouve enfermée avec un mari au plus mal, deux petits enfants scolarisés à qui je dois faire classe, un bébé au sein et une entreprise à faire tourner. Le tout enfermés dans 70 m^2, en sachant que plus de la moitié de l'appartement sert de lieu de stockage pour mes tissus, etc. Bref, on vit entassés dans 15 m^2 à cinq.

On s'est enfermés avec nos angoisses dans une longue, très longue, trop longue période de confinement, qui a clairement viré à l'enfer pour moi. Privée du soutien de ma famille, désunie de mon mari, sans espace pour souffler, on a touché le fond. Je rends les armes, je rêve à un « après » radieux qui n'arrivera jamais. Les enfants prennent possession des lieux, je subis la charge bien trop importante de travail de mon grand en CP. On n'arrive pas à tenir la maison organisée et rangée. Alba dans ce capharnaüm grandit à une vitesse folle et commence à grimper partout, me laissant encore moins de temps pour gérer le quotidien. C'est un format de bébé minuscule, par nature, pourtant elle tète régulièrement, toutes les trois ou quatre heures dans la journée, beaucoup plus le soir et la nuit. Moi, je vois bien qu'elle puise moins dans mes réserves que sa sœur parce que mon poids se stabilise et je ne fonds pas comme neige au soleil.

LA BULLE ÉCLATE AVEC LA FIN DU CONFINEMENT

En mai 2021, Alba a 21 mois. Elle tète toujours, son sevrage n'est pas envisagé. Les nuits sont encore bien difficiles, ça fait des mois qu'on ne trouve pas un juste milieu dans notre relation, qu'on tourne autour du pot, qu'on fait semblant que tout va bien alors que rien ne va. Elle tète toujours au même rythme.

Et puis arrive enfin l'après-Covid avec son sursaut de liberté. Après des mois enfermés, nous sommes invités, dans le cadre de mes activités d'Insta'Mum, dans un nouvel hôtel avec club enfants. Pendant quelques heures, nous sommes en tête à tête dans la chambre, Vincent et moi. C'est le moment d'enfin parler, d'enfin crever l'abcès. Je mets ma plus belle paire d'œillères et je me lance sur tout ce qui me contrarie, moi : Vincent joue trop aux jeux vidéo en ligne, Vincent ne dort pas avec moi, Vincent ne fait pas d'efforts… et bla-bla-bla. La discussion est lancée (c'est « ta » faute, c'est « toi ») et, comme on le sait, le « tu » tue. Nous nous engueulons très fort, car, côté Vincent, la liste des reproches est aussi longue que le bras : je ne m'occupe que d'Alba, je ne suis pas disponible pour ma famille, les grands sont délaissés... et bla-bla-bla. J'encaisse, j'encaisse, je sais tout ça, mais c'est comme si je n'avais pas la possibilité de faire autrement, et je sens que ma tension interne est proche de l'Himalaya. Vincent est prêt à sauter le pas, à partir, pas très loin de ses enfants, mais à partir quand même, pour ne plus subir cette vie-là. Les gros mots sont lâchés : séparation, divorce, garde...

Place au couple

C'est au moment où je sens que je suis vraiment en train de le perdre que j'éclate enfin, que je lui livre tout ce que j'ai sur le cœur avec sincérité et que je remets enfin mon attitude en question. Pour la première fois de notre histoire, on a frôlé la catastrophe, le crash du mariage, mais finalement la tension redescend, on comprend tous les deux que l'on doit retrouver un espace à nous et surtout des moments de complicité à deux. Car, là, on est tout le temps ensemble mais jamais en couple. Toujours au travail ou en train de jouer à Papa et Maman. Mais les amoureux n'ont plus de place pour s'exprimer et prendre soin d'eux.

Ce n'est pas facile de refaire de la place au couple dans nos agendas de parents-entrepreneurs-colocataires. Mais finalement on décide de confier Alba une première nuit à Tata Nono et, tout naturellement, elle passe la nuit à dormir sur Tonton Tanguy, gros barbu comme papa. S'il y a bien une chose que les enfants m'ont apprise, c'est qu'ils ont une capacité d'adaptation hors pair ! Ils sont capables de trouver en eux les ressources nécessaires pour pallier une situation hors du commun. Je dors sans ma mère ? Très bien, je m'endormirai dans les bras de quelqu'un sans le sein. On a d'ailleurs remarqué que, chaque fois qu'on les a confiées alors qu'elles étaient encore allaitées et en cododo, les filles faisaient des nuits de dingue, comme on n'avait jamais eu la chance d'en connaître, nous ! Alors, évidemment, il serait simple de faire le raccourci : « Ah ! mais donc peut-être que c'est ta façon de faire qui les empêche de dormir... ? » Mais, bien au contraire, j'en suis intimement persuadée, c'est parce qu'elles ont suffisamment de ressources en elles, elles ont été suffisamment écoutées et dorlotées, elles se sont suffisamment accrochées, pour pouvoir nous faire confiance et réussir, le temps de quelques heures ou de quelques jours, à faire autrement, à se détacher, sans nous, sans le sein.

Alba n'a aucun souci à quitter le giron maternel, depuis toute petite, elle s'adapte à toutes les situations avec une grande aisance. Enfin, Vincent et moi, on respire et on profite de moments rien qu'à nous. De petits restaurants, de nuits à deux, de discussions sur d'autres sujets que les enfants ou le boulot. Cela nous redonne de l'oxygène. Quand on part, j'emporte toujours un petit tire-lait électrique, nomade, qui se transporte facilement dans un sac à main. Bien souvent, je n'en ai pas l'utilité, mais parfois, quand on part un peu plus longtemps, je vide simplement le trop-plein. Mais, à presque 2 ans et avec des tétées plutôt espacées, ça n'arrive quasiment plus. Dans la foulée, Vincent part quelques jours avec un pote dans les Vosges pour faire du vélo et se ressourcer. Je pense qu'il avait aussi besoin de vider son sac, de déposer toute sa colère autour d'un feu de camp en descendant des bières entre mecs. Pendant son vélo-trip, on a beaucoup échangé par SMS. C'est un peu notre mode de communication. Et cela nous a fait du bien de nous dire ce que l'on avait sur le cœur, de pleurer un bon coup, de tout s'écrire. Quand il revient, il n'a clairement plus cette chape de tristesse et de colère autour de lui. À son retour, la rancœur entre nous s'est envolée. On peut continuer notre bout de chemin à deux... en ayant pris soin de tout remettre à plat entre nous.

Pendant son voyage dans les Vosges, j'ai géré seule les trois *kids*. Ce que Vincent fait d'habitude seul et d'une main de maître. Ça a clairement été l'enfer pour moi, tant mes tyrans en culotte courte ont défié mon autorité. J'étais contente de retrouver Vincent mon homme, mais aussi Vincent leur merveilleux papa. On est repartis sur de bonnes bases, réduire les jeux vidéo pour lui, *bye bye* le temps plein de maman pour moi et, heureusement, on n'est plus jamais retombés dans ce mauvais *mood*.

En phase sur l'éducation des enfants

En revanche, on n'a jamais eu besoin de remettre en question le maternage proximal. On a toujours été en phase sur ce point. Pour nous, écouter les besoins primaires des enfants et y répondre afin de les faire grandir dans un environnement sécurisant est une priorité. On est à leur disposition et on assume ce choix. Le tout n'est pas de savoir si l'allaitement et le cododo mettent en péril notre couple et notre famille, le tout est de trouver le précieux équilibre, le juste milieu. Trouver la méthode, l'organisation, les règles, le cadre qui permettront à tout le monde d'y trouver son compte.

Pour nous, l'allaitement est une aventure triangulaire, il y a le bébé-enfant, la maman, et le reste de la famille. Si quelqu'un se sent à l'étroit ou ne trouve plus sa place, c'est qu'il faut réajuster.

C'est pourquoi à ce moment-là, après le confinement et notre crise, nous avons décidé de resserrer le cadre.

Résolution numéro un : parler à la petite dernière, *serial* téteuse de l'enfer. Alba allait bientôt avoir 2 ans et on lui a expliqué que l'on avait besoin de dormir la nuit, qu'il fallait donc qu'elle arrête de téter pour s'endormir.

Pleins de convictions, on a tenté deux soirs de suite.

Patatras ! Hurlements, cris de détresse, ô rage, ô désespoir...

Vraiment, il fallait être sans cœur pour la laisser dans cet état. On a donc fait légèrement machine arrière pour trouver ce qui lui convenait (et à nous aussi !). Tout est une question d'ajustement, de mesure, de justes décisions.

Ainsi, le soir, elle était autorisée à téter pour s'endormir, comme elle l'avait toujours fait depuis sa naissance, mais si cela devenait trop long, alors je lui disais : « Allez, on compte jusqu'à trois et on dit au revoir au sein, à demain. » On comptait donc à l'unisson et elle se tournait dos à moi pour attendre le sommeil. Une fois endormie dans notre lit, on la portait jusqu'au sien, dans la chambre des enfants, afin qu'elle y passe sa nuit. Et, ô miracle, elle ne se réveillait jamais lors des transferts de chambre. Comme si elle savait qu'elle avait atteint la limite autorisée. Si dans la nuit elle ouvrait un œil, elle était bien sûr la bienvenue auprès de nous, mais pas de tétée nocturne. Très vite, elle a intégré cette nouvelle règle : le soir, pour dire au revoir ; le matin, pour dire bonjour ; la nuit, tout le monde est en mode sommeil, même ma poitrine. Il n'y a donc plus de tétée, tout le monde dort.

C'est ainsi que l'on a retrouvé nos soirées en amoureux, sans enfants dans notre chambre, à partir des 2 ans d'Alba, en juillet 2021. Alors, oui, deux ans, c'est long, mais les 2 ans de nos enfants ne reviendront jamais, alors on n'a aucun regret d'avoir été là pour eux autant que possible quand ils en avaient le plus besoin.

Avec le recul – aujourd'hui Alba a 3 ans –, je me rends compte que j'avais besoin de cette dernière grossesse pour faire le deuil de moi enceinte. Je savais que c'était la dernière fois que je porterais un enfant. Mais ce que je ne savais pas encore, c'est que ce n'était pas mon dernier allaitement.

IV.

Éléanore, un coallaitement de sauvetage

C'est l'allaitement surprise, complètement inattendu. Mais, en y réfléchissant, je peux dire que c'est le plus bénéfique de tous. Celui qui a permis à une autre maman de poursuivre son allaitement alors que tout portait à croire que l'allaitement d'Éléanore devait s'arrêter. C'est aussi une histoire de sororité entre Noémie, la maman et ma belle-sœur, et moi. Et celle entre Alba, ma fille, et sa cousine. Un coallaitement fait d'amour et de bienveillance.

Nom de code de cet allaitement : salvateur.

Ce que j'ai appris de l'allaitement avec Éléanore : il existe des incompatibilités dans l'allaitement, et si nous n'avions pas été très obstinées, sa maman et moi, l'aventure aurait tourné court. J'ai aussi appris que chaque problème a sa solution, et, parfois, pas celle que l'on imagine !

Tata Nono. Elle apparaît en filigrane tout au long de ce récit. J'ai connu Noémie, alors âgée de 14 ans, quand je me suis mise en couple avec son frère, Vincent. C'était une ado rebelle aux attitudes qui me faisaient bondir. J'étais bien loin d'imaginer quel amour inconditionnel je lui porterais bientôt. C'est de loin la personne la plus proche au sein de notre famille. Celle qui a pris son rôle de tata le plus à cœur, et ce, dès le premier jour. Celle qui disait qu'elle leur apprendrait plein de gros mots pour nous faire enrager et qui, à la place, leur a appris à quel point c'est beau d'aimer. Celle à qui l'on a confié Estebán quand je suis partie accoucher d'Olivia. Celle qui est venue nous prêter main-forte en Vendée quand Alba venait de naître. Celle que l'on peut appeler de jour comme de nuit pour nous aider, pour s'occuper des enfants en catastrophe.

Des enfants, Noémie n'en voulait pas. Croix de bois, croix de fer. Mais ça, c'était avant l'arrivée d'Olivia, sa nièce, avec laquelle elle a tissé une relation bien particulière. Avec son homme, Tanguy, ils étaient plutôt catégoriques, avoir des enfants, ce n'était clairement pas pour eux, ou alors dans très très longtemps, et pourtant, Estebán, ils l'aimaient d'un amour fou ! Du haut de leurs 19 et 20 ans, ils l'ont emmené partout, ils ont d'ailleurs été plus présents que n'importe qui. Mais, malgré tout, c'était mieux de vivre l'aventure enfant avec leur neveu, comme pour conserver une certaine distance, plutôt que d'en avoir un à eux.

Puis, un jour, ils ont rencontré Olivia, ce bébé solaire et expressif qui captivait les gens autour de lui. Plusieurs fois, d'ailleurs, on s'est fait arrêter dans la rue ou dans des magasins par des inconnus qui nous disaient : « Je suis désolé, il fallait que je vienne lui parler, elle m'appelait avec ses yeux... » C'est dire la force de son magnétisme !

Alors, un jour, Tanguy, le tonton barbu, a rencontré Olivia... Il l'a prise dans ses bras et, en un instant, il a lancé : « Mon Dieu, je veux un bébé, je veux un bébé comme Olivia. » C'est ainsi que ce jeune couple qui ne voulait pas d'enfants a changé d'avis en laissant entrer sa nièce dans sa vie.

UNE PETITE COUSINE DANS LA FAMILLE

En septembre 2020, Noémie arrive à la maison, drapée de sa bonne humeur légendaire. Elle a un papier à imprimer. Un papier important. Qu'elle doit envoyer le jour même. Vincent le lui imprime et le lui donne à la sortie de l'imprimante sans même le regarder. Noémie est surprise.

« Tu n'as pas regardé ?

— Regardé quoi ? lui demande son frère si peu curieux.

— Ben, le papier que tu as imprimé, gros bêta. »

Elle me le tend et je comprends aussitôt. « Je suis enceinte, il s'agit des résultats de ma prise de sang ! »

Alors, oui, pour une surprise, c'est une surprise !

Une grossesse par procuration

Et cette grossesse, je l'ai vécue un peu par procuration. Je recevais quasiment tous les jours un message du genre : « Ce fromage, je peux le manger ? » Ou encore : « Le matin, je n'ai pas de ventre au réveil et finalement le soir il sort, c'est normal ? » J'étais devenue la Wikipédia personnelle de sa grossesse et vous savez à quel point j'adore l'univers des futures mamans, des bébés, des accouchements, de l'allaitement. Je suis pleinement dans mon monde ! Noémie me laisse donc une place importante, et même Tanguy me pose beaucoup de questions pour bien se préparer à l'accouchement. Car Noémie veut un accouchement de rêve, elle se met une pression folle, elle lit toute la littérature sur le sujet, elle se renseigne sur Internet, elle suit des comptes spécifiques sur Instagram. Bref, Noémie est à fond. Plus, tu crèves le plafond.

Sa maternité est à quelques minutes de chez elle. Elle attend le jour de la délivrance avec impatience, prête mentalement à affronter cette bataille. Sa grossesse se passe bien et, le jour J, le 18 juin, nous sommes en week-end entre copains avec Alexandra, Émeline et nos familles respectives en Bretagne, sur le point de rentrer à la maison. Je suis le fameux « plan B ». Si quelque chose coince pendant l'accouchement, je suis censée arriver à la rescousse dans la seconde. Tanguy ne sait pas encore s'il réussira à y assister ou pas, il a un peu de mal avec les hôpitaux. Donc, oui, je suis partante pour cette nouvelle aventure. Ce que je ne sais pas encore, c'est que je vais avoir une place de premier ordre dans les premières semaines de maman de Noémie.

La journée passe. À deux, ils semblent bien gérer la situation. Je n'ai pas d'appel en mode panique de Tanguy. D'habitude, Noémie pleure facilement ; là, elle gère bien, je ne suis donc pas du tout inquiète. Il suffit d'attendre le coup de fil libérateur. On est super-excités mais on se dit : « C'est un premier, ça peut être long, ça sera sûrement dans la nuit ou demain matin. »

Vers 22 heures, Noémie perd le contrôle de la situation : elle subit les contractions, elle a extrêmement mal, elle pleure. Le travail intense est en cours, le couple file donc à la maternité. Elle qui était si forte moralement jusque-là perd complètement confiance en elle et en ses capacités à y arriver.

Sauf qu'à la maternité le pire est encore à venir. Noémie morfle. Les douleurs sont tellement intenses qu'elle n'arrive même pas à parler pendant les contractions. Elle souffre le martyre, mais son col ne s'ouvre pas. La nuit passe. La journée suivante aussi. Toujours rien. Finalement, à 21 heures, soit trente heures après le début du travail, la petite Éléanore pointe enfin le bout de son nez, toute bleue, avec le cordon autour du cou et l'aide des forceps. Elle est emmenée en néonatalogie et sera séparée de sa maman toute la première nuit.

Il est important de ne pas idéaliser son accouchement. Il y a « ce qu'on souhaiterait dans le meilleur des cas » et ce qu'on va réellement vivre. C'est génial de se dire qu'on ne veut pas de péridurale, ou au contraire qu'on en veut absolument une, ou tout un tas d'autres choses. Mais, s'il y a bien une leçon que la maternité nous apprend dès le premier jour, c'est qu'on ne maîtrise pas tout. Parfois, ça ne se passe pas comme prévu, et dans ces cas-là il faut réussir à trouver le lâcher-prise et le recul nécessaires pour se dire que ce n'est peut-être pas si grave (dans les cas simples, j'entends, quand un petit truc ne s'est pas déroulé comme nous l'avions prévu).

UN DÉBUT D'ALLAITEMENT DIFFICILE

Immédiatement après l'accouchement, même si elle est à bout de forces, Noémie prévient l'équipe médicale qu'elle souhaite allaiter son bébé, c'est très important pour elle. Les deux, Maman comme Bébé, ont fourni tant d'efforts que l'épuisement se voit sur leurs visages. L'équipe de néonatalogie refuse que Noémie donne le sein à son bébé, pour elle, « ce n'est pas le moment ».

L'échec de la mise au sein

Je suis tenue au courant au fur et à mesure, mais, avec la distance, je ne maîtrise pas bien la situation. Les parents eux-mêmes n'ont pas beaucoup plus d'infos. En fait, la mise au sein semble impossible. Noémie, en carence de fer, fait des chutes de tension importantes.

Éléanore est placée sous perfusion, l'équipe médicale pense qu'elle a avalé du liquide amniotique lors de la délivrance. Les analyses plus tard prouveront que ce n'était pas le cas. Ainsi, le premier essai de tétée se fera onze heures après la naissance. C'est une mise au sein tardive, et ce sera un échec.

J'ai hâte de les savoir enfin réunies afin que Noémie puisse commencer à stimuler sa lactation avec son bébé et ainsi mettre en place l'allaitement auquel elle tient plus que tout. Je pense aussi que c'est important pour elle de reprendre la main sur le cours des choses, surtout après un accouchement cauchemardesque comme on n'en souhaite à personne. Elle avait tiré un trait sur son accouchement physiologique, elle ne pouvait pas non plus renoncer à son allaitement.

D'autant que, concernant l'allaitement, Noémie est devenue une spécialiste. Elle s'est renseignée plus que quiconque, elle m'a accompagnée des heures durant les miens, elle a même encouragé ses copines dans leurs débuts d'allaitements chaotiques. Noémie n'a jamais allaité, mais elle connaît tout le processus sur le bout des seins. C'est sûr. Son allaitement se passera bien.

Spoiler alert. Ça n'a pas du tout été le cas.

Donc, onze heures après l'accouchement, une sage-femme s'occupe d'elles deux et tente une première mise au sein. Et là, il ne se passe rien. Ou presque rien. Bébé tire la langue, lèche le sein et ne tète pas. La pro de la petite enfance essaye de la rassurer comme elle peut : « L'accouchement a été difficile, Bébé est trop fatigué, mais ne tirez pas votre lait, ça ne sert à rien. »

Résultat, le personnel soignant lui recommande de remonter dans sa chambre, et de redescendre plus tard quand elle veut pour voir son bébé…

Une jeune maman dépossédée de la naissance de son bébé

Le personnel médical n'est pas vraiment disponible, c'est le moins que l'on puisse dire. Noémie n'a qu'une envie, et c'est tellement normal après ces neuf mois d'attente : elle veut prendre son bébé dans ses bras et l'installer en peau à peau. La réponse fait froid dans le dos. On lui rétorque que ce n'est pas le moment, son bébé dort, il faut le laisser tranquille.

Noémie a accouché la veille et n'a porté son bébé que quelques minutes. C'est un monde, quand même, de déposséder ainsi une femme de la naissance de son enfant ! La jeune maman, fragilisée par toutes ces contrariétés, s'effondre en larmes devant le berceau de son bébé en néonat' qu'elle n'a pas le droit de toucher parce que ce n'est pas l'heure. Le personnel, occupé avec un autre nourrisson, met des œillères.

Tanguy, lui, a eu la chance de pouvoir prendre la petite en peau à peau quelques heures dans la nuit. Et puis… on continue dans les non-sens. La sage-femme leur annonce que l'allaiter n'est pas une priorité parce qu'Éléanore est perfusée. Finalement, après de longues heures, en milieu de journée, une auxiliaire prend le temps pour une mise au sein en douceur. Éléanore s'énerve, pleure et, au bout de vingt minutes interminables, réussit à s'accrocher au sein.

À distance, j'essaye tant bien que mal de les aider. De leur côté, Noémie et Tanguy prennent contact avec une conseillère en lactation, Catherine étant à l'étranger.

Les débuts sont plus que chaotiques, mais, finalement, Éléanore tète pour la première fois et c'est le principal. Ouf ! Une petite bataille de gagnée.

Lors de la deuxième nuit, Éléanore a le droit de rejoindre sa maman dans sa chambre. Mais, comme elle est toujours suivie en néonatalogie, le personnel soignant vient régulièrement la prendre pour lui faire des examens, des prélèvements…, jusqu'à oublier de la ramener dans la chambre après les soins. Je vous laisse imaginer l'état de mal-être et d'inquiétude de Noémie sans nouvelles de sa nouveau-née.

Comment se passe concrètement la succion du bébé ?

La réponse de Catherine Boite, consultante en lactation IBCLC : « Lors d'une succion efficace au sein, le bébé fait une dépression qui va permettre au lait d'être éjecté. Pour cela, il doit ventouser l'intérieur de ses lèvres (les muqueuses humides) sur l'aréole (zone brune autour du mamelon). Ensuite, l'arrière de sa langue va monter et descendre. Lors de la descente, un vide se crée et aspire le lait.

Le bout de sein de la maman n'intervient pas dans ce processus.

Une succion efficace nécessite que l'aréole du sein soit extrêmement souple et la langue du bébé bien mobile car elle doit s'étirer vers l'extérieur et l'arrière doit être en capacité de monter et de descendre. »

Noémie, toujours faible, fait encore de nombreux malaises vagaux. Son état de fatigue extrême conjugué au stress… vous imaginez la suite. Les mises au sein sont bien souvent des échecs. Éléanore a maintenant 24 heures et n'a finalement pas tété plus de cinq minutes au total. Rien ne fonctionne. Ni les tentatives de mise au sein par des professionnel·le·s ni la technique du doigt/seringue, qui consiste à faire téter le doigt comme si c'était un bout de sein tout en délivrant quelques gouttes de lait avec une petite pipette. Rien n'y fait. Chaque tétée est un échec. Noémie ne lâche rien. Faut dire qu'Éléanore est à deux doigts de téter. Elle cherche le sein mais n'arrive pas à ventouser.

Pourquoi un bébé ne ventouse-t-il pas ?

La réponse de Catherine Boite, consultante en lactation IBCLC : « L'enfant peut être fatigué ou ressentir des douleurs après sa naissance au niveau de la tête, de la mâchoire, des épaules… Cela peut donc entraîner une difficulté de succion ou une difficulté de prise en bouche. Un antalgique type paracétamol peut aider le nourrisson les deux premiers jours. L'intervention d'un ostéopathe spécialisé pour les enfants peut aussi être d'un grand secours, l'idéal étant qu'il intervienne le plus tôt possible, et même dès la naissance.

L'enfant peut être immature. Il lui faudra dans ce cas plusieurs jours, voire plusieurs semaines, pour réussir à ventouser et à téter correctement. Cette immaturité peut être liée à une naissance avant terme, à une jaunisse ou à d'autres problématiques. »

La nuit du cauchemar

Quand j'ai Noémie en ligne, c'est-à-dire plusieurs fois par jour, j'entends les cris de rage et de désespoir d'Éléanore. Ils sont tellement forts et stridents, on dirait les cris d'un bébé de 6 mois. Rien à voir avec les cris de chat d'un nouveau-né. Franchement, ça fait peur. Éléanore a faim. Très faim même, et elle ne se gêne pas pour le faire savoir.

Le troisième jour est enfin une bonne journée dans le début de l'aventure de l'allaitement. Noémie est épaulée par une sage-femme extraordinaire qui prendra le temps, c'est-à-dire longtemps, pour mettre Éléanore au sein et lui faire aussi téter une pipette.

À distance, avec Catherine, notre IBCLC, nous essayons de comprendre pourquoi Éléanore ne tète pas. Les conditions sanitaires post-Covid ne permettent pas d'entrer dans la maternité, nous passons donc des heures au téléphone à essayer de trouver la solution.

Noémie demande à rencontrer la consultante en lactation du service afin d'obtenir de l'aide. Pas de bol, elle a quitté son poste la semaine passée… et n'a pas été remplacée.

La nuit arrive et le cauchemar commence pour Noémie. Ce cauchemar a un nom, nous l'appellerons V.

V. est une sage-femme de nuit aguerrie, usée par le boulot et ayant clairement oublié l'essence de son métier. Elle est connue comme le loup blanc, mais nous ne le savions pas encore.

Noémie fait partie des mamans qui ont besoin d'aide pour chaque tétée. Or, le soir, le personnel étant réduit, sa disponibilité n'est pas la même non plus. Mais V. semble plus gênée par les demandes des mamans allaitantes que par des histoires de plage horaire. En clair, ça la gonfle.

Que faut-il faire quand l'enfant ne ventouse pas ?

La réponse de Catherine Boite, consultante en lactation IBCLC : « En attendant que l'enfant soit en capacité de téter, il faut que la maman mette en place sa lactation dès la naissance avec l'utilisation des massages drainants et aréolaires et d'un tire-lait de très bonne qualité. Elle devra ensuite, dès sa sortie, se faire accompagner par une professionnelle spécialisée qui la soutiendra dans la mise en place de sa lactation et dans l'évolution du bébé pour arriver à ce qu'il soit en capacité de téter. L'enfant peut aussi présenter un frein de langue empêchant l'arrière de la langue de se soulever et d'entraîner une ventouse. Il est important de faire ce diagnostic le plus précocement possible. S'il est très serré, le frein peut être rapidement coupé, de façon partielle, par un pédiatre à la maternité.

La prise en charge dépendra ensuite du type de frein, des tensions musculaires associées, de la capacité d'assouplissement de ce frein par les massages qui seront proposés aux parents par des professionnel·le·s spécialisé·e·s : ostéopathes, orthophonistes, consultantes en lactation.

C'est en concertation avec les parents et ces professionnel·le·s qu'une indication de consultation ORL pourra être posée afin d'envisager en dernier recours de couper ce frein.

Pendant toute cette période, la lactation devra être soutenue car la maman devra, en plus des tétées, tirer son lait et parfois le redonner en complément à l'enfant, si la courbe de poids le nécessite. »

Éléanore pleure, elle semble avoir faim, Noémie sonne, explique la situation. Maman allaitante + allaitement à la demande. V. lui rétorque qu'il est trop tôt, qu'elle reviendra quand ça fera vraiment trois heures depuis la dernière tétée. Là, tout de suite, il faut juste la calmer. Et sur ces mots très réconfortants, la sage-femme repart.

Évidemment, Bébé ne se calme pas. Noémie patiente un peu, beaucoup, puis décide de rappeler le dragon de nuit. V. tente une mise au sein, sans vraiment y croire. Clairement, ça la saoule, d'autant que Bébé, épuisé d'avoir tant pleuré, ne ventouse pas au sein.

Et là, V. lance sans aucune pincette ni professionnalisme : « Vous savez quel est votre problème ? C'est qu'avec Internet vous avez trop d'informations, vous arrivez toutes en voulant allaiter, mais ça ne marche pas comme ça, madame ! »

Ah bon, Bébé au sein, ça ne marche pas comme ça, l'allaitement ? Mais Noémie est trop faible pour répondre. V. en profite et prend la décision d'enlever Éléanore des bras de sa mère et de lui donner un complément au biberon. Non sans mal, d'ailleurs, car Éléanore ne se débrouille pas mieux au biberon. Le tout, durant vingt minutes, dans le fauteuil de la chambre, devant Noémie en pleurs. Vous avez dit personnel compétent ? Non, pas vraiment.

Noémie vit un véritable cauchemar éveillé… La nuit est longue et la jeune maman n'a qu'une hâte, que V. quitte le service et que l'équipe du matin arrive. Le lendemain, le verdict tombe : le bébé a maigri. Noémie ne sort pas. Le bébé ne prend pas le sein. Noémie déprime. Personnellement, je pense que l'allaitement se fera naturellement quand elles seront de retour à la maison. Dans un environnement plus sain. Mais Noémie ne sort toujours pas. En cause ? La non-prise de poids du bébé. Tout commence mal. Nous décidons d'agir et de la sortir de là, coûte que coûte.

Un retour à la maison en mode catastrophe

Au bout de cinq jours, nous organisons un raid à la maternité. Oui, un raid. Nous sommes encore en plein Covid et les visites sont très limitées. Tanguy est au travail. Émeline, mon amie photographe, prétexte une séance photo maman-bébé pour aller voir Noémie. Je l'attends en bas avec la voiture, limite je laisse tourner le moteur comme les gangsters en train de faire un braquage. Quelques minutes plus tard, qui me semblent des heures, elles ressortent toutes les deux, avec Éléanore sous le bras, le carnet de santé dans la poche et *bye bye* la maternité si peu réconfortante. Oui, comme ça, sans permis de sortie, sans rien. Et devinez quoi ? La maternité n'a pas donné suite. Pas un appel, rien.

En cavale de la maternité, nous avions tout prévu. Enfin, c'est ce que nous pensions.

De retour chez Noémie, il est temps de mettre Bébé au sein pour de bon.

Le problème ? Éléanore ne tète pas. Elle ne semble même pas sentir quand le sein lui est présenté, aucun réflexe des points cardinaux, rien. Quand on passe un doigt autour de sa bouche, elle ne répond à aucun stimulus, elle ne cherche pas à tourner la tête vers le doigt comme un nourrisson en pleine forme.

Je suis déboussolée. Je téléphone à Catherine, notre IBCLC de choc, car nous avons vraiment besoin d'aide, et vite.

Tanguy rentre du travail, Noémie est en pleurs, branchée à son tire-lait. Éléanore dort depuis plus de cinq heures… Avec Tanguy, nous tentons de la nourrir avec la technique du doigt-paille, je lui explique comment faire, car c'est lui qui devra prendre le relais pour cette nuit. Encore une fois, c'est un fiasco. Éléanore se met à hurler, ça ne marche pas, elle ne tète pas sur le doigt de son père, qui panique. Du côté de la maman, ce n'est pas mieux. Noémie ne reste pas dans la pièce pendant que nous essayons tant bien que mal de donner quelques millilitres de lait à Éléanore. Tanguy me confie que la situation est au-dessus de ses forces, tant pis pour l'allaitement, faut trouver une solution.

Catherine est d'accord sur ce point. Éléanore semble au bout de ses forces, il va falloir réussir à la nourrir par n'importe quel moyen. Sa succion est pour le moment trop mauvaise, elle n'a plus d'énergie. Elle s'est mise en veille. Seule solution : elle doit manger, et vite. Voilà donc comment je me retrouve avec un papa désespéré (et il y a de quoi) et une maman au bord du gouffre, prête à tomber dans une dépression sévère si nous n'arrivons pas à déclencher l'allaitement. Et, sur ce, arrive la belle-mère, tout sourire, pour rencontrer sa petite-fille pour la première fois. Tout le monde pleure, Mamita ne comprend pas ce qui se passe. Quel bazar !

Quand donner le sein : quand Bébé pleure et réclame ou à l'heure choisie par les parents ?

La réponse de Catherine Boite, consultante en lactation IBCLC : « Le premier jour, le nouveau-né est souvent fatigué. Après une première tétée en salle de naissance (efficace et nutritive ou non), il peut s'endormir pour de nombreuses heures. Il est très difficile et néfaste de le réveiller. Il sera encore plus fatigué et encore moins efficace. Pourtant, après toute l'énergie déployée pour naître, il a grand besoin de colostrum. Les mamans qui ont suivi une préparation spécifique à l'allaitement doivent savoir masser leur aréole et extraire du colostrum manuellement. Elles peuvent ainsi proposer à leur bébé quelques gouttes qu'elles déposeront sur ses lèvres dans une phase de sommeil où ses sens fonctionnent. Il sentira l'odeur et léchera les gouttes de ce miel, de cette "bombe énergétique". Chaque heure, le bébé alterne une phase de sommeil profond puis de sommeil plus léger. Bébé étant en peau à peau sécurisé sur Maman ou Papa durant ses premiers jours de vie, il est très facile de le sentir dormir profondément ou commencer à bouger tout en dormant. C'est dans cette seconde phase qu'il faut lui proposer ces gouttes de colostrum, toutes les heures au départ et sans chercher à le réveiller. Dès que Bébé reprend des forces et se réveille pour demander à téter, on peut suivre sa demande, en préparant toujours son aréole avant afin qu'elle soit souple, très extensible et en s'assurant que le colostrum commence à bien s'écouler. Quand la montée de lait est installée, que les tétées sont indolores, que Bébé reprend bien du poids et que ses couches sont bien pleines et lourdes (au moins six par jour), il suffit de faire confiance à son bébé et à sa lactation et d'oublier sa montre ! »

UN COALLAITEMENT SOS

La cousine Catherine, experte en allaitement, ne rentre de congés que dans deux jours. Mauvais *timing*. En attendant, nous allons devoir gérer seules. La sage-femme à domicile n'est pas encore venue.

C'est Vincent qui me soumet l'idée le premier : « Il faut que tu essayes de l'allaiter, toi, qu'on voie au moins si la petite sait faire... »

Ma décision ne sera pas sans conséquences, il faut réfléchir, je m'isole et téléphone à nouveau à Catherine pour lui demander si c'est une bonne idée. Elle doute. Oui, la nourrir par n'importe quel moyen est essentiel. Oui, mon lait sera adapté pour lui redonner les forces nécessaires et on complétera avec le lait de Noémie, mais... Comment Noémie va-t-elle vivre la situation sur le plan émotionnel ? Est-ce qu'elle sera d'accord ? Et si ça fonctionne, comment gérer l'aspect psychologique ? Est-ce que Noémie ne culpabilisera pas davantage de ne pas y arriver ? C'est compliqué...

La différence entre Noémie et moi, c'est que mes seins sont préparés à l'allaitement, j'allaite depuis des années, mon lait coule à la moindre stimulation et en abondance. Son sein, pas encore habitué à l'allaitement, n'est pas facile à attraper pour un bébé encore très faible.

Plus une minute à perdre

Je prends mon courage à deux mains et je me lance. Nous sommes tous autour de la table, les yeux rougis par la fatigue, les pleurs et l'inquiétude. Il est 19 heures, Éléanore n'a bu que quelques gouttes depuis le matin. Je propose l'idée du coallaitement, j'explique tous les tenants et aboutissants. Noémie et Tanguy n'hésitent pas une seconde. Noémie y pense même depuis des heures sans jamais avoir osé me demander. Nous ne perdons pas une minute.

Je présente mon sein à Éléanore et elle tète instantanément, goulûment et sans aucun problème. Un soulagement s'installe le temps de quelques minutes... Au moins, Éléanore sait téter !

Le hic ? Il se fait tard, les enfants ont école, je vais devoir rentrer. Tanguy est tétanisé à l'idée de nourrir Éléanore au doigt-paille toute la nuit alors qu'il n'a jamais réussi en journée. Très vite, je leur propose de rester pour la nuit, en mode *open bar*, à volonté, pour qu'Éléanore reprenne des forces et que ses parents se reposent.

Ce sera une nuit en relais, à tour de rôle toutes les deux heures. De son côté, Noémie tirera son lait pour stimuler et aider ses mamelons à se former. Éléanore, elle, tétera toute la nuit et nous continuerons à lui proposer le sein de sa mère, après le mien. Nous y arriverons parfois, mais pas longtemps. Mais ce n'est pas grave, à chaque tétée suffit sa peine. Demain sera un autre jour. Petit pas par petit pas.

Au petit matin, nous nous réveillons doucement après cette première nuit chez Noémie et Tanguy. Enfin, une presque nuit. Courte et intense. Vincent a envoyé un message, Alba a mal vécu cette séparation improvisée. Le jour se lève, il va être 6 heures, chez moi aussi la nuit a été infernale. Avec Noémie, nous préparons quelques affaires, et hop, changement de domicile. Cap sur chez moi.

Nous nous regardons et nous savons que ça va aller. Méthode Coué ou pas, en tout cas, nous avançons comme ça jusqu'à chez moi en voiture. Ensemble, nous allons y arriver. Nous y croyons.

L'atmosphère est d'ailleurs tout de suite plus sereine. Le soleil qui se lève plonge mon appartement dans une lumière chaleureuse, cela me rappelle la première tétée d'Estebán, au soleil couchant. Aussitôt, Noémie s'installe dans le creux du canapé, on n'imagine pas alors qu'ici sera sa place pour de longs jours et de longues nuits. La rallonge est installée, le tire-lait branché, on ne baisse pas les bras !

La jeune maman contemple béatement son bébé.

La confusion sein-sein

Chez moi, les enfants se réveillent doucement et nous retrouvent dans le salon. La fratrie ne comprend pas bien ce qui se trame, mais une chose est sûre : nous sommes heureux d'être là, tous ensemble, autour de cette nouvelle cousine.

Ils se préparent et partent à l'école et à la crèche. De notre côté, nous recommençons les tétées en relais. Nous avons trouvé un début de technique : je commence à l'allaiter quand Éléanore a faim, nous attendons quelques minutes qu'elle tète calmement puis nous changeons furtivement pour le sein de Noémie. Nous créons ainsi une confusion, que nous appellerons la « confusion sein-sein », parfois ça fonctionne... Approximativement une fois sur quinze (Ha, ha ! Nous restons tout de même très optimistes pour la suite). Dans tous les cas, Éléanore est nourrie, elle reprend des forces et c'est tout ce qui compte.

Aujourd'hui, à J+2 du retour à la maison, nous avons un rendez-vous important, la sage-femme doit passer à la maison pour la visite de sortie de maternité.

Éléanore a 6 jours. Depuis sa naissance, elle perd du poids (mais ne passe pas en dessous de la barre inquiétante de 10 % de perte). Nous appréhendons car nous allons savoir si notre coallaitement lui est bénéfique. De notre point de vue, il semble évident qu'Éléanore reprend de l'énergie, qu'elle a de grandes plages d'éveil, c'est bon signe... Mais nous doutons tout de même un peu, elle tète quatre seins, on complète parfois avec des seringues de lait tiré, mais qu'est-ce que ça donne sur la balance ?

La sage-femme écoute notre histoire (l'accouchement difficile, l'allaitement qui ne prend pas, la fuite de la maternité), mi-abasourdie, mi-émue. Évidemment, nous pleurons toutes les larmes de notre corps en la lui racontant. Elle nous encourage à continuer le temps qu'il faut pour que l'allaitement se mette enfin en place. Cela nous redonne confiance. Côté balance... Tadam ! Le verdict tombe, Éléanore pèse 3,450 kg.

Elle a repris son poids de naissance, et elle l'a même dépassé ! Une première victoire pour nous ! Nous sommes tellement fières et soulagées.

Le lendemain, nous sommes tous invités chez le père de Vincent et de Noémie pour déjeuner, c'est un repas en moins à gérer pour toute la famille (car le train-train continue !), et autant de charge mentale en moins pour nous.

Nous faisons un mini-planning. Le plus simple, c'est que Noémie et Éléanore dorment à la maison, c'est moins perturbant pour Alba, qui a encore un sommeil très agité et qui me réclame.

À l'arrivée d'un bébé, on ne sait jamais trop ce qui nous attend. Tout ce qui peut être fait en amont est bon à prendre : des plats déjà préparés placés au congélateur, la famille qui peut apporter de la nourriture aux nouveaux parents… C'est désormais ce que je fais quand il y a une naissance dans mon entourage. Je viens avec un repas fait avec amour. Et si je passe du temps chez eux, j'en profite pour proposer mon aide, que ce soit pour plier un peu de linge, passer l'aspirateur ou cuisiner un truc pour le soir.

Chacune son sein !

Au milieu de la nuit, Éléanore se réveille, Noémie la prend vite et tente de la mettre au sein, mais seule c'est impossible… Je la rejoins, et là, c'est la crise. Inconsolable, Éléanore pleure, s'énerve toute seule. Ce n'est pas un bébé patient… Aussi, nous recommençons. Je lui redonne le sein pour la calmer, mais voilà qu'Alba se réveille aussi… Avec Noémie, nous redoutions de nous retrouver dans cette situation. Jusqu'à présent, nous avions réussi à faire nos relais-tétées en l'absence d'Alba, nous ne savions pas comment elle allait réagir. Bon, pas le choix. Je lui explique ce que nous sommes en train de faire, qu'Éléanore, sa petite cousine, toute petite, a besoin d'apprendre à téter et qu'elle n'y arrive pas encore bien toute seule, alors nous l'aidons avec le sein de sa maman à elle. Et là, c'est de nouveau le drame. C'est un non catégorique : elle ne veut pas partager sa mère ! On la comprend. D'autant que tout est soudain, rien n'est préparé.

Nous réessayons tout de même de faire téter Éléanore au sein de sa mère devant Alba. Mais rien à faire, impossible de téter, de prendre le mamelon, Bébé hurle.

Alba, voyant la détresse de sa cousine, accepte de prêter un peu sa maman, mais attention, c'est elle qui choisit comment : « Éléanore tète ici et moi ici. » Chacune son sein et tout va bien !

Cette vision d'elles deux aux seins nous émeut instantanément. La petite main d'Alba caresse les cheveux de sa cousine et un lien intime et fort se tisse à tout jamais entre elles. Éléanore est à présent calmée, nous changeons de sein, elle tète celui de sa mère, tout le monde se rendort.

Ce coallaitement de secours va ainsi durer dix jours. Dix jours d'essais parfois fructueux, souvent infructueux, de mise au sein qui fonctionne et de désillusion la fois d'après. Nous continuons notre petite tambouille de mères allaitantes avec les papas hyper-présents... Avec Noémie, pendant dix jours, nous ne nous quittons plus. Nous vivons ensemble. Nous allaitons ensemble. Nous dormons ensemble.

Nous inventons des méthodes bien à nous : Éléanore commence la tétée à mon sein, et hop ! nous la dupons en la déplaçant très rapidement sur le sein de sa mère sans qu'elle se rende vraiment compte que la laiterie a changé de propriétaire. Faut dire que, pendant que j'allaite Éléanore, Noémie prépare son mamelon manuellement pour la nourrir à son tour.

Les mamelons ombiliqués empêchent-ils d'allaiter ?

La réponse de Catherine Boite, consultante en lactation IBCLC : « Un bout de sein ombiliqué peut gêner certains bébés qui ont besoin d'une stimulation du point réflexe, qui se situe au milieu de palais, pour déclencher la succion. Pour d'autres, un bout de sein ombiliqué n'aura aucune conséquence, surtout si la maman sait préparer et assouplir son aréole avant la tétée par des massages appropriés. »

Puis, petit à petit, ce duo parfait devient autonome. Nous commençons même à respirer. Avec quelques heures par jour où les tétées se font presque facilement. Puis une nuit entière sans avoir besoin d'aide pour calmer un bébé affamé et trop énervé pour s'appliquer à téter le sein de sa mère. Et aussi, au fur et à mesure des jours, le mamelon ombiliqué de Noémie se transforme et devient un peu plus facile à attraper. Quand elle ne donne pas le sein, elle continue à tirer son lait. Nous faisons un pas en avant, puis dix en arrière. Nous avançons à tâtons en espérant que l'allaitement de Noémie prenne.

Nous vivons toutes les deux les seins à l'air dans mon salon transformé en succursale d'allaitement. Sur la table, il y a divers modèles de tire-lait, des tuyaux, des pipettes, des seins en silicone, un carnet de santé, un carnet des tétées, du saucisson (la grosse envie de Noémie). Tout tourne autour de l'allaitement de ce nourrisson. Nous expliquons tout aux enfants au fur et à mesure. Alba, réticente au début, semble mieux vivre la situation.

Quels sont les facteurs qui peuvent pousser le corps à arrêter de produire du lait pour Bébé ?

La réponse de Catherine Boite, consultante en lactation IBCLC : « Le plus souvent, il s'agit d'un manque de tétées nutritives. Plus la quantité de lait produite et éjectée par la maman est importante, plus elle sera en capacité d'en refabriquer pour la tétée suivante. Il est donc important d'aider les bébés en difficulté (petit poids, bébé fatigué, jaunisse, frein de langue…) en préparant son sein par des massages, en assouplissant l'aréole pour une meilleure prise en bouche, en amorçant l'éjection du lait et éventuellement en utilisant un tire-lait pour recueillir plus de lait et pouvoir donner des compléments de lait maternel au bébé. La douleur, le stress ou une fatigue très intense peuvent aussi diminuer la production des hormones de la lactation. Il ne faut pas hésiter à demander des antalgiques en cas de douleur, lors de la mise en place de l'allaitement.

L'utilisation d'un bout de sein artificiel peut aussi bloquer ou diminuer la production du lait. La bouche du bébé ne peut stimuler correctement les récepteurs nerveux permettant la production des hormones et sa technique de succion est rendue plus difficile à cause de cet écran de silicone. La ventouse et l'aspiration sont souvent beaucoup plus difficiles et rendent la tétée beaucoup moins efficace.

S'il est vraiment nécessaire d'utiliser un bout de sein artificiel, il faut toujours essayer de l'enlever le plus rapidement possible. Il doit rester une aide très ponctuelle. »

C'est finalement Catherine, notre experte en lactation, qui nous sort de la panade. En fait, avec un bébé comme Éléanore, il faut stimuler la lactation manuellement avant de le mettre au sein. En clair, le lait doit arriver direct quand Bébé pose sa bouche sur le mamelon. Petit à petit, Noémie apprend à se masser jusqu'à faire un tir de lait sur la télé !

Nous avons vécu entre parenthèses pendant dix jours. J'ai même mis mon compte Insta sous silence. Nous avons juste posté une photo d'Éléanore à mon sein, en la légendant d'un énigmatique « On vous expliquera plus tard. » Ce que nous ferons au bout de cinq mois, dans une série de dix posts sur Instagram abordant la difficulté que peut être le post-partum et combien la solidarité maternelle peut sauver dans certaines situations. Lors du coallaitement à proprement dit, nous n'avions clairement ni la force ni l'envie de nous expliquer sur les réseaux sociaux. Et encore moins l'espace mental de nous exposer au jugement d'autrui.

QUI EST BIEN ALLAITE BIEN

Enfin arrive la dernière cotétée. Cette aventure restera inscrite dans l'histoire de notre famille et traversera peut-être les générations. Nous décidons de faire une belle séance photo de ces derniers instants d'allaitement à deux, pour graver ces images à jamais. Noémie est prête maintenant à allaiter seule Éléanore. Aujourd'hui, quinze mois après, elle allaite encore et n'est pas décidée à s'arrêter. De temps en temps, elle me demande de prendre le relais si elle a besoin de faire garder Éléanore quelques heures. Je dois alors adapter mon alimentation pendant une quinzaine de jours. Nous avons découvert qu'Éléanore est intolérante aux protéines de lait de vache. Donc *exit* le fromage et les produits laitiers quand elle doit prendre mon sein.

Premiers moments de l'allaitement, quand s'inquiéter ?

La réponse de Catherine Boite, consultante en lactation IBCLC : « Deux éléments sont très importants à prendre en compte :

1. Côté bébé : le bébé doit se nourrir très rapidement et suffisamment pour récupérer des efforts et de la consommation énergétique qu'il a dû utiliser pour naître.

S'il dort au retour en chambre plus d'une heure ou deux, alors qu'il est en peau à peau avec sa maman ou son papa, c'est le plus souvent qu'il manque d'énergie.

C'est à la maman de préparer son sein, d'assouplir son aréole, d'extraire quelques gouttes de colostrum et de lui déposer sur les lèvres pendant sa phase de sommeil paradoxal. Il va sentir le lait, le lécher et après un certain nombre de ces "tétées" il aura suffisamment récupéré d'énergie pour demander, chercher et téter le sein.

2. Côté maman : dès les premières tétées, la maman ne doit ressentir aucune douleur. Si elle arrive à exprimer quelques gouttes de colostrum juste avant la tétée, que le bébé ventouse bien ses lèvres sur son aréole, qu'elle sent une aspiration sans aucune douleur et qu'elle arrive à extraire une ou deux gouttes juste après que Bébé a lâché son sein, c'est qu'il a eu une tétée nutritive. Il devrait alors expulser totalement son méconium très rapidement durant les premières vingt-quatre heures. »

Et la vie reprend son cours

Aujourd'hui, Noémie est en pleine reconversion professionnelle. Elle quitte les rails de la SNCF pour devenir doula et aider les futures mamans et leurs bébés. D'ailleurs, elle commence bientôt sa formation et je vais de nouveau allaiter Éléanore si elle en a besoin.

Quant à Alba, elle reste avec nous la nuit jusqu'à ses 2 ans. C'est à ce moment-là que nous emménageons dans notre actuelle maison, avec une nouvelle répartition des chambres. Estebán a maintenant une chambre rien qu'à lui et les filles partagent la leur en attendant que des travaux leur permettent d'avoir un espace chacune.

Alba dort désormais dans son lit la nuit, bien qu'elle continue à s'endormir dans le nôtre, au sein ou après une tétée, avant d'être transférée dans sa chambre. Nous avons mis un terme à l'allaitement nocturne. De manière naturelle. Avant, je m'endormais avec elle. Je passais même la nuit avec elle. À présent, les trois enfants vont au lit tôt, ce qui nous permet de nous réserver des moments de couple. À 19 h 30, c'est l'heure d'aller au lit pour les grands. Une heure plus tard, c'est au tour d'Alba. Côté allaitement, celui-ci est à son image, indépendant plus que raisonné. Avant, elle me demandait le sein chaque fois qu'elle me voyait. Maintenant, nous sommes à un allaitement deux fois par jour, matin et soir. Sincèrement, je m'étais dit que vers 3 ans, à l'entrée en maternelle, nous arrêterions. Et puis nous avons continué ainsi. Chacun y trouvant son compte. Ma *deadline* était « tant que la situation nous convient, nous continuons », et elle nous convient.

Aujourd'hui, Alba est une grande, elle a 3 ans, elle continue de téter deux fois par jour. Je ne sais pas quand nous allons arrêter. Je ne me fixe pas de limite, même si je sais que c'est compliqué car nous sommes en France et que ça ne se fait pas. J'ai de la chance car ma communauté sur les réseaux sociaux, qui partage mes valeurs, agit comme un bouclier. Quand j'allaitais Olivia, j'ai reçu des messages me traitant de mère incestueuse ou encore me disant que je continuais d'allaiter pour faire marcher mon business, tant d'imbécillités qui me passent à présent bien au-dessus de la tête. Des messages remplis de haine pour critiquer une mise au sein naturelle qui déplaisait. Maintenant, ça n'arrive plus, je suis trop suivie. Si d'aventure quelqu'un venait polluer mon mur, il se ferait immédiatement épingler par la communauté.

Je suis heureuse. Je nage en plein rêve. Un quatrième bébé ? Je n'en ai plus envie. Et ça change tout. J'ai vécu la grossesse d'Alba comme une dernière grossesse, j'ai pu faire mon deuil. Mon couple a retrouvé un équilibre. Je n'ai pas envie de tout remettre en question. Quant à savoir quand je vais arrêter d'allaiter Alba… eh bien, l'avenir nous le dira ! En tout cas, elle, elle essaye de se persuader que le moment de la fin de la tétée arrivera bientôt, mais elle repousse elle-même l'échéance : « quand j'aurai 3 ans » s'est transformé en « quand je serai à l'école ». Et maintenant qu'elle y est, elle continue de téter, c'est notre petit plaisir, le câlin qui nous fait du bien, et qui ne dérange personne. Comment je vois la fin de son allaitement ? J'aimerais qu'elle se fasse naturellement, que petit à petit Alba demande à se coucher sans téter (ce qui n'est pas encore le cas) et qu'elle s'en passe le matin en remplaçant la prise du sein par un simple câlin.

Témoignage de Noémie, dite Tata Nono

« Je dois poser mes mots. Aujourd'hui, nous sommes un an après le plus grand bouleversement de ma vie. Celui que j'ai partagé avec Amélie. Il y a un an, le 7 juin 2021, Éléanore arrivait dans nos vies mais je ne savais pas que je n'arriverais pas à allaiter. Amélie m'a rassurée avec des mots simples remplis d'amour. "Ne t'en fais pas, quand on rentre à la maison, on s'installe et ça va aller." Je ne savais plus quoi faire, je me suis vraiment accrochée à ses mots. En quittant la maternité comme une voleuse et par la petite porte, j'étais remplie d'espoir. À la maison, dans notre cocon d'amour, l'allaitement allait marcher. On la met au sein assez rapidement. Et là, douche froide. On se rend compte que l'allaitement ne prend pas. Ça ne va pas. Quelque chose n'est pas normal. On en parle alors avec notre conseillère IBCLC. Éléanore n'a plus assez d'énergie pour se réveiller et rester éveillée pour prendre le sein. Comme si elle s'était mise en mode avion pour économiser de l'énergie. Fatigué, désemparé, tout le monde est à bout. Je ne pense à rien à ce moment-là. Je n'ai plus la force de penser.

C'est mon frère, Vincent, qui lance l'idée : "Et pourquoi Amélie ne lui donnerait pas le sein ?" Amélie n'est pas contre, mais elle veut s'assurer que je suis OK avec cette idée de partage. Mon bébé doit se nourrir pour vivre, c'est la seule chose qui compte à ce moment-là. Mon temps de réflexion est proche de zéro seconde. C'est un oui franc, un oui sincère, un oui du cœur. Je me sens plus légère, comme soulagée d'un énorme poids. Celui de la culpabilité de ne pas y arriver.

Quand je vois mon bébé téter le sein d'Amélie, je pense tout de suite au *"Yes !"* de la victoire. J'ai aussi un petit pincement au cœur car j'ai l'impression que nous ne sommes pas compatibles, mon bébé et moi. Mais, pour l'instant il tète, c'est tout ce qui compte.

Le week-end passe et on instaure un petit rituel. Amélie commence à donner le sein à Éléanore et ensuite on la met à mon sein. On appelle ça le « sein à sein ». Ça ne marche pas toujours, je vis les montagnes russes émotionnellement. Parfois, je suis désemparée devant tant d'obstacles, j'ai l'impression d'être littéralement au bout de ma vie. Parfois, ça ne me fait ni chaud ni froid. On avance d'un pas, on recule de deux. C'est comme ça, je n'y peux rien.

Il y a dans cette situation quelque chose qui me brise de l'intérieur, mais je ne le dis pas. Je suis mal car je me rends compte que c'est difficile pour Alba, difficile pour elle de partager sa maman avec un autre bébé qui n'est même pas sa sœur, mais sa cousine. Quand je vois sa petite mine triste, j'aimerais disparaître et rentrer chez moi. Je suis dans une situation inextricable. Je sais que sans Amélie je peux faire une croix sur mon allaitement, je n'y arrive clairement pas sans elle. Et en même temps je vois à quel point la situation du temporaire qui dure depuis plus de dix jours est difficile pour tout le monde.

Avec le recul, je peux dire aujourd'hui qu'à aucun moment je me suis sentie moins maman avec ce coallaitement.

Quand j'y pense, j'aurais même dû en profiter pour dormir plus, pour me retaper de l'accouchement. Amélie m'a sauvée. Oui, sauvée, parce que sans elle je me serais noyée, je serais passée à côté de mon allaitement, et je n'aurais pas survécu à cet échec. Aujourd'hui, cela fait quatorze mois que j'allaite Éléanore. C'est le plus beau de mes combats et on l'a gagné en équipe ! »

Conclusion

Ah ! la chambre 154 ! Si j'y allais aujourd'hui, avec toute mon expérience de vie, j'en aurais, des choses à dire sur l'allaitement à cette maman. D'abord, le plus important, avant même de parler position ou succion : écoutez-vous ! Vous savez, car c'est votre bébé. Essayez, ressentez, retentez, vous allez y arriver. Je lui dirais que là, ici, ce n'est que le début, peut-être le début d'une longue histoire, ou d'une plus courte, peu importe. L'important, c'est le chemin parcouru plus que la destination. Je lui dirais que ce sera dur, vraiment dur, mais que si c'est son souhait, c'est une aventure qui mérite d'être vécue. Je lui dirais que nos enfants sont là pour nous apprendre la vie, et que chaque jour, à chaque étape, elle va comprendre des choses et grandir. Je lui dirais à quel point c'est formidable de ressentir la fierté de voir grandir son bébé grâce à soi, grâce à son corps. Et je lui dirais aussi qu'on s'en fout, que dans quinze ans personne n'en aura rien à secouer de savoir si le petit a été allaité ou pas. Ce qui compte, c'est son envie à elle. Et qu'elle trouvera toujours une oreille attentive, une professionnelle compétente, une amie compatissante pour lui tendre la main dans cette formidable aventure de l'allaitement. On a été là pour moi, j'ai été là pour d'autres femmes, surtout celles de ma communauté, et ainsi va la vie ! Seules, nous allons plus vite ; à plusieurs, nous allons plus loin. Je suis fière du chemin parcouru, de mon histoire, que je partage au jour le jour avec mes enfants et avec mon mari. Je dirais à cette maman qu'il n'y a pas qu'une histoire d'allaitement, qu'il n'y a pas qu'une seule façon de faire, que l'on peut se tromper, que personne n'est parfait, que l'important est de croire en soi et en ses capacités.

Qu'il n'y a pas d'obligation, qu'il n'y a pas à se forcer à allaiter si on ne le sent pas. L'allaitement, c'est une belle aventure seulement pour celles qui souhaitent la vivre. Personnellement, malgré les galères, je ne ferais autrement pour rien au monde. Les allaitements ont fait de moi la maman et la femme que je suis devenue.

La boîte à questions

Comme dans mes stories, je partage avec vous le jeu des questions-réponses au tac au tac.

« Peux-tu partager une anecdote concernant le passage au biberon d'Estebán ? »

On a commencé à acheter tous les biberons possibles et imaginables pour trouver celui qui conviendrait au petit prince. Lequel a-t-il choisi ? Un biberon offert par des potes de Vincent avec inscrit en gros dessus « VODKA ».

« Est-ce que tu as un tatouage en rapport avec ta maternité ? »

J'ai des fleurs partout sur le corps et, dans le champ bucolique sur mon bras, il y a trois petites abeilles qui butinent, chaque enfant a ainsi la sienne.

« Quel conseil aurais-tu aimé qu'on te donne ? »

J'aurais aimé qu'on me dise très simplement que « tout passe », les nuits hachées, les besoins intensifs, les bercements pendant des heures… Et même qu'à un moment ça finirait par me manquer. Oui, oui !

« Une réplique qui t'a marquée venant d'un de tes enfants ? »

Un jour, nous avions demandé à Olivia pourquoi elle tétait, elle nous avait simplement dit : « Parce que ça me fait du bien. » Et j'ai trouvé cette réponse merveilleuse.

« Quel est le plus beau compliment qu'on ait fait sur ton compte Instagram ? »

On m'a souvent remerciée de montrer à la fois le beau côté de l'allaitement, mais aussi le moins beau. D'être vraie et sans faux-semblants. On me dit souvent que mon compte a quelque chose de rassurant, qu'on y voit que, comme chez tout le monde, il y a beaucoup d'amour entre nous, mais aussi pas mal de galères à surmonter.

« Concernant l'allaitement, qu'est-ce qui a été différent de ce que tu imaginais ? »

Avant d'avoir des enfants, j'imaginais allaiter mes bébés, mais je ne pensais même pas qu'il était possible de le faire au-delà de quelques mois. Alors, il y a huit ans, si on m'avait dit que j'allaiterais longtemps, et même une enfant qui va à l'école, j'aurais éclaté de rire à coup sûr !

Verbatim

Voici quelques témoignages issus de ma communauté. Merci pour les partages !

« Je suis arrivée sur ton compte à la naissance d'Olivia. J'étais enceinte et presque à terme. Je suis tombée sous son charme. Tu étais naturelle. Tu montrais l'allaitement de manière tellement spontanée. Tu m'as aidée à me sentir en confiance et forte sur mes choix. Allaitement, cododo… C'était un nouveau monde pour moi. Je t'ai suivie devant ta machine à coudre. Les yeux brillants de voir tout le talent qui sortait de tes doigts. Merci d'être restée si naturelle, spontanée. Ton bonheur actuel transperce l'écran. »

Margaux, maman de deux garçons de 5 ans et demi et 1 an et demi.

« J'ai découvert l'allaitement avec toi, par erreur, en cliquant sur une story, moi qui pensais "Moi ? Jamais !" Projet bébé depuis bien longtemps… PMA… Don d'ovocytes en République tchèque en janvier 2020 qui se termine en grossesse extra-utérine. Covid. Fermeture des frontières. Reprojet pour novembre 2021 et puis non en juillet 2021 découverte d'un cancer du sein triple négatif à 29 ans… Chimio rayons et ablation de mon sein droit et… rémission ! Le projet bébé se fera l'année prochaine et c'est une évidence, j'allaiterai avec mon unique sein ! »

Cindy, infirmière libérale, sans enfant.

« L'allaitement (mais aussi le portage et le cododo que j'ai découvert sur ton compte) est devenu vraiment une chose que je souhaite réaliser dans ma vie de future maman, peu importe si j'y arrive ou non. J'ai appris grâce à toi que ce n'était pas toujours rose, mais qu'avec la volonté et de bonnes bases, tout le monde est capable de le faire ! Alors juste pour ça, merci de partager avec nous ces beaux moments en famille et de nous instruire par la même occasion. »

Laura, 24 ans, sans enfant.

« Le 23 mars 2020, en pleine épidémie mondiale, ma fille Noélie a vu le jour. Et j'ai vécu le plus beau des partages : l'allaitement ! Je remercie tellement Amélie et "Nounours" de m'avoir fait croire en moi, en ce que j'étais capable de faire même si des personnes autour de moi n'étaient pas favorables. Je me suis offert bien entendu un petit Tziganette création, c'était tellement une façon de la remercier. J'aurais aimé faire plus. Amélie, tu as marqué ma parentalité à tout jamais. Merci, tu es une petite fée pour moi. »

Jennifer, 30 ans, maman de deux enfants.

« Je ne dirais pas que c'est Amélie qui m'a donné envie d'allaiter mais Tziganette qui m'a donné envie d'allaiter en public et surtout en étant canon !

Je me suis offert le body Marcel pour fêter mon premier mois d'allaitement.

Amélie a réussi à changer ma vision de l'allaitement long. Je ne voyais plus cela comme anormal. Je trouvais ça plutôt beau même si je ne pense pas que j'aurais été au-delà d'un an. Je ne saurais jamais car mon allaitement a pris fin après sept mois, la faute à un manque de lait et plus d'énergie pour stimuler.

Et surtout son aventure de coallaitement avec Bébé Éléanore m'a donné la force de proposer mon aide à ma meilleure amie dans son allaitement.

Une aide qui a été précieuse car aujourd'hui, elle continue d'allaiter sa fille depuis sept mois. »

Aline, 30 ans, maman d'une fille de 14 mois.

« J'allaite mes enfants en grande partie grâce au nouveau regard que tu m'as apporté dessus. Je suis maman d'Amélia et Milo, 3 ans et demi et 15 mois, tous les deux coallaités. J'adore ce que tu partages, cette maternité vraie, pure, louve, et pas juste lisse et parfaite. Ton allaitement m'a fait découvrir le vrai allaitement. Alors quand est venu mon tour, je me suis renseignée, j'ai relu tes anciens posts, j'ai profité de tes partages et je me suis lancée avec ma petite puce toute neuve dans mes bras. Depuis, je me suis formée et j'accompagne des mamans dans la réussite de leur allaitement, tel qu'elles le souhaitaient. Je milite aussi pour un allaitement libéré et facilité, peu importe l'âge des enfants et le lieu. Et surtout j'allaite stylée en Tziganette ! Alors merci pour ça. »

Margaux, maman d'Amélia et Milo, 3 ans et demi et 15 mois.

« Lorsque j'ai commencé à te suivre, j'avais une fille – Andréa – qui a 4 ans et demi. Je ne l'ai pas allaitée, je n'en avais jamais eu envie. J'étais même souvent gênée quand je voyais une femme allaiter son enfant en public, trouvant cela assez impudique.

Et puis je suis tombée sur ton compte, j'ai lu tes mots et – surtout – vu ce truc indescriptible entre Alba et toi : ce sentiment de plénitude quand Alba était à ton sein, cet acte d'amour absolu et inconditionnel de ta part de lui donner de toi, un lien charnel et psychique d'une force incroyable entre vous deux, et aussi ce pouvoir de réconfort et d'apaisement de l'allaitement. J'ai compris que cela n'avait rien à voir avec donner du lait, ou sortir son nichon. Ça dépassait le palpable. C'était juste la plus belle preuve d'amour qu'une mère pouvait faire à son enfant.

Alors quand je suis tombée enceinte de mon fils Samuel (qui a eu 2 ans), il était évident que je voulais l'allaiter. Je voulais créer cette connexion entre nous, ne faire plus qu'un avec lui car pour moi, c'est clairement ça l'allaitement. Je l'ai voulu très fort, mais malheureusement et malgré de nombreuses discussions, mon conjoint s'y est opposé. Il trouvait que ce n'était pas juste vis-à-vis de notre fille, qu'elle n'aurait pas compris que je ne l'avais pas fait pour elle... Et puis Papa voulait pouvoir donner un biberon pour créer du lien (vu qu'il a toujours eu peur de donner le bain aux tout-petits, le biberon c'était un peu “son truc”).

On a beaucoup discuté, on s'est beaucoup fâchés, ça a été un gros sujet entre lui et moi. Et puis j'ai cédé. Je n'ai pas allaité mon fils. C'est aujourd'hui mon plus grand regret et je t'écris ces lignes les larmes aux yeux. Mon conjoint ne voulant pas de troisième enfant, c'est quelque chose que je n'aurai pas la chance de connaître. Mais grâce à toi, j'ai pu ouvrir les yeux et suis désormais émerveillée lorsque je vois une femme faire ce cadeau à son bébé et recréer cette bulle magique. »

Jessica, maman d'Andréa, 4 ans et demi, et Samuel, 2 ans.

« Ta vision de l'allaitement, de la maternité, m'a presque donné l'envie d'un troisième enfant, je dis presque parce qu'à l'époque, j'arrivais sur la quarantaine et je ne me voyais pas repartir sur une grossesse. Mais tu m'as tellement donné envie d'allaiter jusqu'à plus soif, et porter mon bébé bien au chaud contre moi... J'ai un peu foiré les premiers mois de vie de mes enfants, mauvais accompagnement dans l'allaitement qui n'a tenu que quelques mois, fatigue et culpabilité, bref, j'aurais beaucoup aimé que tu sois "là" à cette époque, je pense sincèrement que ça m'aurait aidée à m'accrocher et surtout cela m'aurait tellement déculpabilisée. Merci Amélie, pour moi tu montres la maternité, la vraie. »

Christelle, 42 ans, maman de deux garçons de 10 et 7 ans.

« J'ai commencé à te suivre lorsqu'Olivia est arrivée je crois, sans doute parce que j'étais moi-même enceinte de ma première, qui est née fin février 2017. À l'époque, je n'avais pas compris ton allaitement "long".

Lorsque je suis tombée enceinte, j'ai su que je voulais allaiter, mais personne ne m'avait guidée à l'époque. Les rendez-vous avec la sage-femme sont tellement théoriques et il y a tellement de choses à assimiler. Après tout, l'allaitement, "c'est naturel".

À la maternité, on m'avait fait peur avec le poids du bébé, on m'avait réprimandée parce que j'avais dormi avec mon bébé dans le lit, on m'avait dit qu'il fallait la nourrir toutes les trois heures. Mon bébé hurlait tellement (de faim, j'imagine avec le recul), j'en pleurais moi-même sans réussir à me nourrir ou à me laver quand j'étais seule avec elle. Je me suis accrochée pendant trois mois et j'ai sevré avec soulagement ma fille en reprenant le travail...

Et je t'ai vue continuer à allaiter Olivia et la porter avec tout le bonheur qui s'en dégageait.

Lorsque je suis tombée enceinte de mon deuxième, né en 2019, je t'ai suivie encore plus assidûment, avec d'autres comptes dédiés à l'allaitement et au portage. Et là, bingo, j'ai compris ce que tu vivais. J'ai allaité et porté mes deux autres enfants avec un bonheur indescriptible. Grâce à toi, j'ai même tiré mon lait au travail afin que l'allaitement reste exclusif le plus longtemps possible et qu'ils en bénéficient à la crèche.

Mes deux derniers allaitements ont duré respectivement un an et dix mois et demi. J'aurais aimé que cela dure plus longtemps mais le sevrage est venu d'eux.

Tout ça pour te dire MERCI, car en France, les futurs parents ne sont pas assez informés et formés sur l'allaitement, le portage, le cododo, ou encore le post-partum plus largement. À travers ton compte, tu livres le vrai visage de la maternité. »

Cécile, 34 ans, maman de trois enfants.

« Je n'étais pas encore maman et j'avais une vision assez fermée de l'allaitement. Pour faire simple : beurk ! Alors quand je voyais tes photos avec Olivia au sein, je trouvais ça choquant, voire un peu cracra, et surtout totalement impudique. À cette époque, même si je me projetais dans une future maternité, l'allaitement pour moi c'était *no way* !

Et aujourd'hui ? Eh bien mon fils de bientôt 2 ans est toujours allaité, et ma fille de 3 ans a fait sa dernière (ou pas !) tétée il y a trois semaines !

Comme on dit : il n'y a que les imbéciles qui ne changent pas d'avis ! »

Marine, 32 ans, maman de deux enfants de 2 et 3 ans.

« Pendant mon séjour à la maternité, on m'a proposé plusieurs fois de lui donner un biberon, mais grâce à ton compte, j'ai su que ce n'était pas le mieux à faire… J'ai écouté mon instinct et j'ai finalement allaité mon fils pendant trois ans !

En 2020, naissance de sa petite sœur, elle a aujourd'hui 2 ans et demi et est toujours allaitée aussi. Je pense que si je n'avais pas suivi ton compte, vu mon jeune âge et ma connaissance inexistante sur ce sujet, ça ne se serait pas passé pareil, alors merci ! »

Claire, 27 ans, maman de deux enfants de 6 et 2 ans.

« Je me mettais une pression de fou après l'arrivée de ma troisième, genre syndrome de la mère parfaite et peur du jugement. J'avais l'impression que si ce n'était pas parfait, les autres allaient se dire "Ben voilà, elle a fait un troisième et elle ne gère rien..." à cause de petites remarques pendant ma grossesse. J'ai découvert ton compte à ce moment-là, et que ça m'a fait du bien de voir du maternage, mais aussi une maman normale qui montre que c'est pas toujours parfait entre la théorie et la pratique. Ton compte m'a aidée à relâcher la pression, à me dire qu'en fait, on est toutes pareilles, on fait de notre mieux, et c'est déjà très bien. Donc merci pour ça. »

Noëmie, 37 ans, maman de trois enfants, Léo, 10 ans, Eliott, 7 ans, et Soline, 4 ans.

« J'ai commencé à te suivre sur Instagram à la naissance de ma première fille en 2016, au moment de la naissance d'Olivia. Ton compte m'a aidée pour mon allaitement, pour la mise en place du portage également, j'ai pris confiance en moi en écoutant tes mots du quotidien. Ça a été une vraie ressource pour moi. Aujourd'hui, j'allaite toujours mes deux filles (Margaux, 5 ans et demi, et Olivia, 3 ans et demi) en partie grâce à toi, à ta spontanéité sur les réseaux, à tes réponses aussi quand je n'étais pas sereine. Merci pour tout ça. Ta marque d'allaitement est un joyau. Continue ainsi. »

Julie, 30 ans, maman de Margaux, 5 ans et demi, et d'Olivia, 3 ans et demi.

« Ce que je retiens de ton compte, c'est ton partage concernant le coallaitement avec ta nièce. J'ai à présent une tout autre image de l'allaitement. Tu m'as ouvert l'esprit encore plus concernant cette pratique. Alors même si je ne la pratiquerai sûrement jamais, j'ai envie de te dire MERCI car je ne serai absolument plus "choquée" d'une telle pratique. »

Noémie, 27 ans, maman de deux enfants de 4 ans et bientôt 6 mois.

« J'ai trois enfants, comme toi. J'ai d'abord eu une fille qui a 7 ans maintenant. Je voulais l'allaiter mais personne autour de moi ne m'a encouragée, pas même mes trois sœurs, ma mère et mon conjoint... Je lui ai donné le biberon à la naissance car je n'ai pas apprécié la tétée de bienvenue. Puis j'ai eu la montée de lait, qui ne passait pas, et des professionnels de santé m'ont conseillé de tirer mon lait. J'ai donc donné des biberons de mon lait à ma fille pour que ça passe alors que ma hantise était de tirer mon lait à la base... Bref, j'en ai essuyé, des larmes.

Puis, quand ma fille a eu 2 mois, j'ai raconté mon histoire à sa pédiatre et elle m'a aidée pour remettre ma fille au sein... Malheureusement, elle a préféré le biberon et je n'ai pas voulu insister...

Mon deuxième bébé, mon fils de 5 ans, a toujours été allaité. Je me suis dit : une fois mais pas deux. Résultat : mon fils est toujours allaité à 5 ans et demi. (J'en ai un peu assez là, mais je laisse faire la nature.)

Mon troisième bébé, mon second fils d'1 an et demi, est toujours allaité également. Je suis donc sur un coallaitement depuis sa naissance.

C'est grâce à toi que je me sens moins seule avec mes idées d'éducation, un peu farfelues aux yeux de certaines personnes. J'allaite partout et suis fière de le faire ! »

Laurène, 39 ans, maman de trois enfants.

« Tu m'as permis d'avoir une approche très ouverte et bienveillante sur l'allaitement et la maternité en général. Que ce soit par des allaitements qui fonctionnent (pour ta part avec Olivia et Alba), par le coallaitement, mais aussi par des allaitements plus difficiles (ta nièce)..., tu as su nous montrer que chaque allaitement est différent mais surtout que, dans la majeure partie des cas, il est possible !

J'ai donc pu me servir de tes différentes expériences pour me dire : "Et pourquoi je ne pourrais pas allaiter mes jumelles après tout ?" Tu m'as montré, à travers les récits et les anecdotes, que chaque histoire est différente mais que rien n'est impossible. Elles sont nées par césarienne code rouge et nous avons eu une magnifique aventure lactée durant presque quatre mois.

Tu as soulevé un point très important au fil de ces années : la place du père dans tout cela ! Tout comme ton "Nounours", mon conjoint ne s'est jamais senti délaissé ou à l'écart au cours de ces moments avec nos filles. Il a su trouver sa place sans aucune difficulté.

Alors merci d'avoir abordé tous ces sujets qui ont su me toucher et m'apporter des lumières supplémentaires afin de faire au mieux pour mes jumelles. »

Margaux, maman de jumelles.

« Je suis infirmière depuis trois ans maintenant en service de gynéco-obstétrique et je peux dire que, en tant qu'infirmière sur l'allaitement... on a zéro formation !

Nous accueillons des femmes qui requièrent une hospitalisation en post-partum et nous nous retrouvions souvent démunies face à ce manque de connaissances !

Tes stories sur l'allaitement m'ont vraiment ouverte à cette pratique et ont vraiment éveillé ma curiosité à ce sujet.

J'ai la chance dans mon CHU d'avoir une conseillère en lactation, je l'ai donc contactée et j'ai tout mis en place pour qu'elle vienne nous former et nous donner les bases sur ce qu'est l'allaitement, quand, comment, pourquoi, etc., et elle nous a même parlé de l'écharpe de portage. »

Fanny, 25 ans, infirmière, pas d'enfant.

« J'ai aujourd'hui 60 ans, et à l'époque, je suis passée pour une cinglée d'allaiter longtemps mes enfants. Mai 68 était passé par là et depuis deux décennies, on parlait libération de la femme, donc biberons pouvant être donnés par les nouveaux papas poules. Dans la petite maternité où j'ai accouché de mon premier fils, j'étais la seule à vouloir allaiter. J'ai eu de la chance que cela se mette en route facilement, parce que les conseils des professionnels étaient quasi inexistants. Ma mère n'avait pas allaité. Ma belle-mère non plus. J'étais étudiante en médecine et les cours sur l'allaitement se résumaient à la pathologie. Je savais soigner une mastite mais je ne savais pas ce qu'était la physiologie de l'allaitement normal.

J'ai allaité mes deux garçons environ six mois chacun, les gardes de nuit ont eu raison de ma lactation. Personne ne m'a parlé de tire-lait pour entretenir la production. J'ai allaité mes deux filles plus longtemps, quinze mois chacune.

J'avais un regard bienveillant dans ma famille. Plus compliqué avec ma belle-famille : au début, mon beau-père voulait que j'aille dans une chambre pour nourrir mon bébé, hors de question de faire “ça” en public. Puis ça s'est adouci avec les bébés suivants.

Je suis médecin généraliste dans une petite ville et je fais beaucoup de pédiatrie. Je passe beaucoup de temps avec les femmes enceintes et les jeunes mamans pour promouvoir et accompagner leur allaitement. Je dédramatise beaucoup d'idées reçues. Je rassure, je déculpabilise, j'explique, j'encourage.

Je m'insurge un peu contre les informations contradictoires que reçoivent les jeunes accouchées dès la naissance. La sage-femme du matin ne dit pas pareil que celle du soir, la puéricultrice dit l'inverse de ce que dit le pédiatre. Ajoutez une sœur, une belle-mère, la voisine, le généraliste, l'infirmière spécialisée en lactation et Internet... Il y a de quoi ne plus être sûre de soi.

L'allaitement devrait être une transmission ancestrale naturelle, de mère à fille ou de grand-mère à petite-fille, mais ça s'est perdu et ça s'est surmédicalisé, même s'il y a du progrès ces dernières années.

Je me forme régulièrement et j'essaie d'accompagner au mieux mes patients, en me mettant à leur portée. Tous vont sur les réseaux sociaux. Je suis quelques comptes, dont le vôtre, et je reconnais – outre le plaisir de voir évoluer votre jolie petite famille – que cela me permet de mieux appréhender les tendances actuelles, de mieux comprendre des patients qui ont trente à quarante ans de moins que moi. »

Catherine, 60 ans, maman de quatre enfants,
grand-mère de cinq petits-enfants.

« Je suis arrivée sur ton compte peu de temps avant la naissance d'Alba, j'ai découvert tes vêtements d'allaitement et je me suis dit : « WOUAH ! Mais ça existe ?! » J'avais toujours vu des femmes avec un lange pour allaiter leurs enfants, en essayant de se cacher tant bien que mal. Bref, pour moi, tu as été une révélation en termes d'allaitement, tu l'as énormément normalisé à mes yeux, d'autant plus avec l'expérience du "coallaitement" pour ta nièce, cette histoire magnifique ! Tu m'as beaucoup apporté, à titre informatif, sur la parentalité, parce que t'es comme ça, y a aucun tabou et c'est ça que j'aime sur ton compte. »

Laura, 26 ans, pas (encore) d'enfant.

Remerciements

Je tiens à remercier Vincent, mon mari, qui s'est accroché ; mes enfants, sans qui tout ça n'aurait pas existé ; notre famille, nos amis, qui nous ont toujours soutenus même quand nos choix n'étaient pas les leurs. Catherine, pour son aide, sa présence et sa bienveillance durant ces neuf dernières années et, bien entendu, d'avoir accepté de nous éclairer tout au long de ce récit. Je remercie Goulven, mon agent, d'avoir insisté pour que ce livre voie le jour, les éditions Marabout pour avoir cru en moi bien avant que j'écrive la moindre ligne, et Alexandra Raillan de m'avoir accompagnée durant tout le processus d'écriture.

Table des matières

Les questions pratiques

Achevé d'imprimer par Rotativas, en Espagne,
Pour le compte des Éditions Marabout (Hachette Livre)
58, rue Jean-Bleuzen, 92178 Vanves Cedex
Dépôt légal : février 2023
ISBN : 978-2-501-17603-3
8960824